沧年往事

沧 南 著

湘潭大學出版社

自 序

呈现在读者面前的这本书，曾两易其稿，两次发表。

2015 年夏末秋初之际，湖南省社科联来了两位同志，要我谈谈自己成长过程中的一些难以忘怀的人和事。他们根据我的谈话写成了文稿。我看了文稿并加以修改，写了五段难忘的人和事：十年曲折求学路、李家的温暖、加入共产主义青年团、“在劫难逃”、学研毛泽东思想不动摇，总题目为《几段难忘的回忆》，收录在《名家故事——湖南优秀社会科学专家忆事》（第二辑）中。2016 年 3 月在湘潭大学出版社出版发行。我把它称之为一稿。

几个月后，湖南省社科联又在原来文稿的基础上，写了五段难以忘怀的回忆：我本不叫沧南、求学之路多曲折、“寄人篱下”也温暖、坚定立场惹风波、学研毛泽东思想不动摇，总题目还是《几段难忘的回忆》。2016 年 12 月发表在橘洲点评网上。我把它称之为二稿。

读罢两稿，沉思良久，回首往事，梳理思路，总觉得有的难忘的回忆写得不完整，有的没有叙说出来。这完全是由于我与省社科联两位同志谈话前没有做好充分的准备所造成的。岁月虽然没有留下痕迹，但沉浮其中的那些人和事却深深铭记在心。那些事，是在那个年代，用深藏于心的情感的经线和纬线织成的。人不见，心自知。想忘，也难忘。2016 年 2 月 24 日，我因膝盖、腿脚肿痛住院治疗，出院后，我一边休养，一边又在一稿的基础上，写了12段难以忘怀、时时想起的人和事。今年11月上旬，我带领老伴和两个孩子回安徽老家探亲。这是我在外80年第一次回乡。返校后，我写了一篇《少小离家耄耋回》，作为这本书的结束篇，并将书名改为《沧年往事》。

书中写的都是真人真事和我对某些问题的认识，虽然不是我的自传，但却显示了我是怎样从一个放牛娃、流浪学生成长为一名人民教师，怎样从一个进步青年成长为中共党员的过程。在这个过程中，我见过彩虹霞光，也遭遇过风雨和坎坷。彩虹霞光鼓励我勇往直前，奋发向上。风雨和坎坷坚定了我对马克思列宁主义、毛泽东思想、中国特色社会主义理论体系的信仰，对党和政府的信任，对人民事业必然胜利的信心。俗话说："人凭志气虎凭威。"志气是人的灵魂。人，只要有志气，就能干出一番事业，就能梦想成真。不然，就是一具没有灵魂的行尸走肉。但是，这里讲的"志气"，不是胡思乱想，也不是一时之志，而是在党的教育下、在"人不知而不愠"的持续不断学习过程中逐渐形成的志。这种"志"，具有奋发向上、勇往直前、不怕困难、不怕牺牲和高尚节操的特性。今年，我九十有三，必须不断学习，必须不断改造，必须与时俱进，做一名名副其实的共产党员。

在本书的出版过程中，特别感谢湖南省思想政治工作研究基地湘潭大学基地的支持，感谢我的学生吕涵湘的支持，同时还要感谢我的亲朋好友对本书的关心，感谢我的学生们对本书提出的宝贵建议，感谢湘潭大学出版社吕花编辑的精心编校。书中我对某些问题的认识与观点不一定全面，敬请读者批评指正。

沧 南

2017年12月

目　录

九年求学多曲折　/　1

李家的温暖　/　11

加入共青团　奔向解放区　/　17

九年的人大生活　/　28

我记忆中的反右斗争和“大跃进”　/　56

“在劫难逃”　/　72

学研毛泽东思想不动摇　/　85

离而不休　/　105

同志爱　师生情　/　130

命运多舛的儿子　/　146

怀念亡妻　/　158

辛劳一辈子的阿妈　/　173

少小离家耄耋回　/　184

附录　/　204

九年求学多曲折

1924 年 5 月 24 日，我出生在一户下中农的家庭。五岁的时候，父亲就将家从合肥迁移到皖南郎溪县飞里乡戴杨村，靠种田为生。

这个村落很美：东边是一片参天橡树林，是一个夏天纳凉的好地方。橡粒子去其硬壳，水泡数日磨成浆，可制作成橡子豆腐，味涩。南边是一条河，白天，经常看到移动的白白帆樯。西边临近麻姑山和南湖，在夕阳的照耀下，闪烁发光的粼粼水波，是自然的湖光山色的画幅，令人沉醉。我的童年就是在这终生难忘的地方度过的。

童年放牛，有时也到私塾读几天“人之初，性本善”。放牛娃有很多乐趣：

春雨绵绵水满塘。塘里的鱼就从塘的缺口游流到田沟里，多半是鲫鱼和鲦子鱼。我经常到田沟里去捉鱼，水冷冰冰的，有时能捉到好几条。走到门口，我就大声叫喊：“阿妈，我捉到鱼了。”有时一条也捉不到。

四五月间，豌豆成熟了。我把牛放在田埂上吃草，看看周围没有人，就偷偷地溜进豌豆田，躺在田沟里剥豌豆吃。

夏天，几个放牛娃就到河里去洗澡，打水仗。我会踩水，就是那个时候学会的。

秋天，就到处挖地爪吃。这是一种类似车前草的根，味道很甜，放牛娃都爱吃。

冬天，放牛娃就到田里挖野荸荠吃。

此外，放牛娃还爱唱山歌。现在我还记得两首：

南风没有北风凉，
家花没有野花香；
家花有风香十里，
野花无风十里香。

这山望着那山高，
望见情妹妹捡柴烧，
我的情妹妹呀！
没有柴烧，我来捡，
没有水用，我来挑，
情妹不能在外面晒红日头。

没过几年，父亲因故去世，家里一贫如洗。妈妈就带着我们姐弟五人过着衣不蔽体、食不果腹的苦难生活，有时靠挖野荸荠充饥。因为生活实在没有着落，妈妈就带领我们姐弟五人返回老家合肥，寄居在一位叔祖父家里。叔祖父每天供给我们中晚餐两顿饭吃，除却过年过节，平时是没有菜吃的。在合肥那几年，我从来没有吃过早饭，也很少吃到菜。我们就靠妈妈给人家纳鞋底、洗衣被挣点小钱，添补一点必要的衣物。生活窘迫至此，妈妈仍想让我读书，她常说："小五子，要上学念书。"妈妈为什么想让我读书，原因至今我也不知道。但是，要读书这个念头，久而久之，就成了我发奋图强、勇往直前的动力了。随着年龄的增长，我渐渐地意识到，像我这样的家庭，既无背景，又无靠山，要想摆脱贫困，改变命运，让家人过上正常人的生活，唯一的办法，就是读书。从 1939 年到 1948 年这 9 年期间，我四处奔走，就是为了读书。

我 11 岁(1935 年）上合肥市洪桥小学三年级，读了两年，抗日战争全面爆发。1937 年 12 月 13 日，南京失陷，鬼子兵沿江而上，战火即将烧到安徽。在妈妈的苦苦哀求下，叔叔、姑妈同意我随他们逃难到黄山，住在庙里。黄山是个旅游胜地，旅客一来，我就在方丈的指导下，给客人端茶倒水，上菜送饭，清理房间，打扫垃圾，干些小茶房的事情。方丈德源师很喜欢我，经常给我讲些有关佛教的事情。德源师说："受戒，对出家人来说是头等大事。受了戒，就发给一张戒谍。有了戒谍，就可挂单，寻师访友，云游四海了。这种和尚，在佛教里就叫行脚僧。行脚僧可以到任何一个庙里'挂单'。所谓'挂单'，就是一宿两餐，吃一顿晚饭，住一夜，第二天，吃过早饭就走。所以，‘挂单’有暂时停留的意思。如果行脚僧会念经，会乐器，会写字，知书达理，大庙的方丈就会把他留下来任知客师。知客师的工作，就是负责接待外宾，主管对外事务。”德源师还教我“六字经”——“唵嘛呢叭咪吽。”他说：“夜晚走路念六字经就不害怕了。”德源师擅长书法，一进山门就看到墙上写着“皆大欢喜”四个工整的楷书，就是德源师书写的。而且善于佛事。在此期间，叔叔、姑妈都曾想要我去商店当学徒，或是当报童去卖报。方丈德源师则希望我出家当小和尚。当时虽然懵懵懂懂，但是，这些事我都不想干，一心想要继续读书。

抗日战争时期，大批爱国青年从祖国各地纷纷奔向革命圣地延安。国民党为了争取青年，曾经实行一个政策：凡是从敌占区逃跑出来的青年学生，只要考上中学、大学，就可免除一切费用。这就更加强化了我上学读书的念头。我把自己的想法同叔叔、姑妈讲了，他们都很支持。于是我就抓紧时间复习功课，在姑父的帮助下，我于 1939 年夏在屯溪（现称黄山市）考取了南京安徽中学徽州分校。我离开黄山去上学时，德源师送给我一床被子，并再三嘱咐：要好好学习。我非常珍惜这来之不易的机会，废寝忘食地学习。当时，大家都睡地铺，我经常深夜点蜡，躺在地铺上看书。有一次，由于疲劳过度，我不知不觉睡着了。蜡烛倒了烧着了被褥，几乎酿成火灾。虽然这是无心之过，可是学校为了杀一儆百，提高学生对火险的警觉，竟然将我开除了。但这丝毫也没有影响我读书的念头。我改个名字，把高家贵改为高志坚，于1940年夏又考取了芜湖芜关中学徽州分校，重读初一。由于该校没有高中，初中毕业后，我便去郎溪乡下看望多年未见的阿妈。我走到孙家埠附近，天色已近黄昏时分，看见许多人，有的挑着担子，有的背着包袱，有的抱着小孩，有的推着小木车，争先恐后地往河沥溪（现属宁国市）方向逃跑。一打听，才知道是鬼子兵从芜湖、宣城等地出兵攻打河沥溪。鬼子兵攻打河沥溪的目的很明确，就是妄想以该地为立足点，沿公路南下占领绩溪、歙县(徽州)、屯溪，控制整个皖南，并且危及江西。可是，当时我没有看到一个国民党士兵，也没有听到枪炮声，鬼子兵是长驱直入地向河沥溪挺进。夜晚我同一些逃难者睡在一户人家，深夜我才听到枪声。无奈，我只好又返回屯溪。在屯溪没有饭吃，没有住处，夜晚就睡在田野小草棚里。正当我一筹莫展之时，在街上看到了国民党成都中央军校招生广告，我边看边想：虽然我不想从军，但这是去重庆找叔叔、考学校的极佳机会。我报考了军校并顺利通过考试。在考生中，我认识了一位老乡。他叫朱璋生，高中毕业，也是借机去重庆考大学的。我没被褥，就同朱璋生睡在一起。1943年11月，军校从屯溪出发，途经江西、湖南、广西，于1944年2月到达贵州独山。到独山后，带队的教官说：从现在开始，每人分给几斤大米，自己想办法去贵阳。到贵阳后，再集合乘汽车去成都。我和朱璋生听到教官的讲话都非常高兴，认为这是脱离军校的最好时机。就这样，我们离开了军校。

当时正是农历春季，独山不是下雨就是下雪，天气异常寒冷。我同朱璋生睡在一户人家楼上过道栏杆旁边的地板上，冷风阴雨，真是“朝来寒雨晚来风”。我们在独山，人生地疏，没有办法只好去找安徽同乡会，同乡会的工作人员给我们介绍了一位安徽老乡胡赞飏先生。我们找到了胡先生，向他汇报了我们的情况。胡先生非常关心我们，他说：“现在是 2 月，各校都不招生。”他对朱说：“你高中毕业，先在这里工作一段时间挣几个钱，再去重庆考大学。”对我则说：“你初中毕业，给你介绍一个中学去读高一，吃住就在我家。”这样，我们就在独山住了三个多月。六月离开独山去重庆。到重庆我找到了叔叔，并考取了国立中央工业专科学校土木专业，读了一年。因与其他同学抗议食堂经常给我们吃混有霉米、沙子、老鼠屎、稻子、稗子的“五宝饭”，加上数学不及格，我又被学校开除了。

1945 年 7 月初，我将被工专开除一事写信告诉在重庆工作的叔叔，他回信说“爱莫能助”。东方不亮西方亮。恰好这个时候，国民政府教育部最后一次组织流浪学生中学统一招生考试，我报考后，就住在教育部招待所等待分配。一天下午，猛然听到鞭炮齐鸣，锣鼓喧天，热烈欢呼。我连忙走出去看看，只见街道上人山人海，欢呼胜利。这时我才知道：日本宣布无条件投降了。这一天，是 1945 年 8 月 15 日。十四年抗日战争，中国人民受尽了战争的苦难，家破人亡，颠沛流离，饥寒交迫。日本侵略军在中国奸淫掳掠，仅南京一地，就屠杀我

30 万同胞，罪恶滔天。这种仇恨，在我们这一代人的心田中早已生了根。中国人民坚持十四年抗战，艰苦奋斗，流血牺牲，终于取得了伟大的抗日战争的最后胜利。这是用鲜血换来的胜利，是值得大大庆祝的。抗日战争的胜利，是中国人民的胜利，是中国共产党的路线、方针、政策的胜利。

最后一排从左至右：黄宝钧、杨毅、高志坚(沧南)
后二排从左至右第三位是李林

没过几天，分配通知就公布了。我被分配到四川自流井国立东北中山中学读高三。1946 年 7 月毕业。同年，该校复员迁回辽宁省沈阳市。我领取了复员费就乘汽车去重庆。那时南下船票，不是一票难求，而是根本不对外卖票。我只好去朝天门码头乘小木船顺流而下。大概是第五天，小船进入三峡，听不到“两岸猿声啼不住”，只见重重峻岭，怪石嶙峋，悬崖峭壁，江水急流，一个漩涡接着一个漩涡，这大自然的雄伟山河景色，壮丽气势，是我从来没有看见过的。我坐在船头，于习习江风中凝视，遐想，不知不觉小船已过万重山。船到湖北三斗坪附近时，船舵突然断了，小船在漩涡中一直打转，江水流动又急，情况非常危险，全船客人都极度紧张、害怕，心惊胆战地望着老艄公。不幸中万幸的是，老艄公非常有经验。他不慌不忙，慢慢地竟将船靠拢了岸，大家才幸免一死。乘客一下船，有的给他敬烟，有的说些称赞的话。可是老艄公却忙于找木匠修船舵，只是说："大家受惊了。"船舵修好了，老艄公大声叫嚷："开船啦。"船到安庆，我高高兴兴地去安庆电报局找四哥，方知他已调往南京电报局工作，于是我又乘船去南京。我到南京已是七月中旬，八月高考，我已没有时间临时抱佛脚了，报考了两所大学，复旦没有考取，安徽大学只考取进修班（实际上，就是补习一年）。我没有去读，在四哥处住了两个月，便决定去北平读书，得到了四哥四嫂的支持和帮助。时年22岁。

1946年10月10日晚，我从南京乘火车去上海，在上海找到初中同学乐陶，请他父亲给我买了乘货轮北上天津塘沽的票，船在海上行了几天几夜不记得了，只记得风浪很大，货轮颠簸得非常厉害，我呕吐不止，饭也吃不下去。10月底，我到了北平，住在高中同学李林家里，当时李林在沈阳。约一个月后，李林从沈阳发电报通知我东北大学招生，凡是东北中山中学高中毕业生均可报考。我当然不能错过这个机会，只是去沈阳的路费又成了拦路虎。当时李家也很困难，允许我住下已是极不容易。为了去沈阳考东大，我只好厚着脸皮连续两天去北平火车站恳求站长帮忙，经过一番软磨硬泡之后，站长终于同意让我乘车到山海关，从山海关到沈阳则由我自己再想办法。当时火车只能白天运行，到山海关后我随乘客一起下车，别人住客栈，我只好遛大街。那时已是寒冬，晚上冷得彻骨。为躲避早上的检票，我半夜里就进站上了车厢。到沈阳后，人很轻松，没想到被火车站的警察当作小偷抓起来了。那时沈阳小偷猖獗，我拿不出车票，任凭我如何解释他们都不相信，又是晚上无法联系学校确认我的身份，我只好在派出所忐忑地坐了一夜。第二天一早，我就央求他们打电话，向学校求证后才得以脱身。东大新生考试是在 1946 年 12 月，要到 1947 年 2 月才发榜，我不能在沈阳等，报考东大后，同学们就凑钱给我买了车票，又返回北平。1947 年 2 月初，李林发来电报说我已被东大中文系录取，限三天内注册报到，过期取消入学资格。收到电报时已过两天，我不甘心放弃，仍然前往，但并未得到学校的谅解。后经同学介绍，我到沈阳一个机关当了三个月的抄写员。5 月回北平准备 1947 年的高考。这次高考没考好，我想考的大学一个都没有录取。最后决定上朝阳学院，该院有一点非常吸引我，就是院里规定：每学期考试成绩前三名者学杂费全免。这对我来说实在是太重要了。我全身心投入学习，焚膏继晷，每学期考试总成绩不是第一名，就是第二名。

总之，从 1939 年 9 月到 1948 年 11 月这 9 年期间，我过的是没有家的流浪学生生活，命运坎坷，经历曲折。我干过小茶房，住过田野里的小草棚，伤寒持续高烧一个多月，甚至在沈阳火车站被警察当作小偷抓起来，在派出所坐了一夜。在这9年期间，尽管经受了许多挫折、困难，爬过“雪山”，又是“草地”；过了“草地”，又爬“雪山”。但我从不向命运低头。俗话说：“人凭志气虎凭威。”只要有志气，就能够干出一番事业来。所以，我总是昂首挺胸，奋勇向前。在这9年期间，我深深地感悟到最大的困难，就是怕困难的心态。只要克服了这个困难，别的困难就容易攻克了。当然，还需要有一定的条件或机遇。人的命运并非由上天决定，是可以通过自己的艰苦奋斗来改变的。对我来说，坎坷、困难、贫穷，就是我励志读书、改变命运的动力。

李家的温暖

说句老实话，深深铭刻在我脑海里的就是：童年放牛，生活贫穷，吃了这一顿，没有下一顿，特别是从 1937 年（13 岁）离开妈妈以后，我只有孤苦伶仃、寄人篱下的感觉，很少感受到家的温暖。

李伯母张凤仪女士

真正感受到家的温暖，是在北平李林的家里。

李林是我在四川的东北中山中学高三的同学。我衷心感激他和他的善良、慈祥、宽厚、仁爱的母亲张凤仪女士，他的弟妹待我也亲如家人。我在这里虽然也是寄人篱下，与他们不是一家人，但却胜似一家人。我一到北

从左到右：李林、沧南、杨荣芳、周辉武、杨毅、林乐正

平，就去找李林的家。当时李林在沈阳，其母张凤仪女士打电话告知李林，并毫不犹豫地收留了我。当时，抗日战争刚刚胜利结束，国民党又蓄意挑衅，1946 年 7 月，全面内战爆发，人民还生活在水火之中。李林家生活本不宽裕，尚有五个弟妹要养育，李母在生活拮据时非但没有拒我于门外，而且视我为家庭的一员，与他们同吃同住。我于 1946 年 10 月底住进李林家，直到 1948 年 11 月去冀中解放区。在那物资匮乏的战争年代，我在李林家一住便达两年之久，其父母从未有过埋怨与嫌弃，其弟妹与我相处融洽。这在人人难以自保的战争年代可谓

是奇遇，也是我人生中难得的幸福与享受。

从我跨进李家大门的那一天起，至今已经过去 70 年了。可是，时间始终无法冲淡深深刻印在我脑海里的点点滴滴。我忘不了北平东直门南小街小雅宝胡同甲 39 号；忘不了二弟、三弟、小妹、五龙、青来温暖的笑容和偶尔难过的样子；忘不了我 22 岁进入李家后，才第一次看电影，第一次吃苹果；忘不了寒冬清晨，伯母将窝窝头切成片放在煤炉上烤至焦黄，我们吃在嘴里，暖在心里；忘不了初到北平，我突发急性阑尾炎，痛得在床上乱滚，是伯母把我送到医院去的；忘不了冬天穿的毛衣是伯母一针一针织的，夏天穿的衬衣是伯母买的；忘不了是伯母鼓励我下决心去解放区的……不是母爱，胜似母爱。每每想起伯母和弟妹给予的恩惠，我就像沐浴在冬天的阳光里一样，全身感到暖暖的。也许，这就是我一直期求的家的温暖吧。

我是一个没有家的流浪学生，最羡慕有家的同学，一到寒暑假，他们就喜笑颜开地打理行囊回家与亲人团聚。可是，对我来说最难熬的莫过于寒暑假，假期学校不开伙，就没有饭吃，而我又没有钱购买食物。所以在芜中时，一放寒暑假，我就为吃饭东奔西跑。有时去姑妈家里住几天，有时去同学家里住几天，有时敌占区的同学都不回家，我就在学校跟着他们过。有一个暑假，我走了三百多里路去投靠两个同学，他们的家人都有嫌弃之意，我只能返回学校。时处战争年代，物资匮乏，物价高昂，收入微薄，多一个人吃喝，对一个家庭来说，确是沉重的负担。回到学校后，我是怎样艰苦地熬过一天又一天的，现在记不起来了，只记得有天夜里，我梦见姑父到了屯溪，早已无计可施的我，竟然相信了这个梦。天亮后，我走了三十多里路去屯溪，没想到姑父真的到了屯溪。他了解我的处境后，给了我一块钱。我回到学校后，买了一斗米，就这样挨到开学。还有一次寒假，我去屯溪姑妈家里过年，没过几天，她说家里丢失了一百块钱。当然，我和保姆有很大的嫌疑，姑妈虽然没有为难我，可保姆却非要我同她一道去庙里烧香赌咒，我无奈只好同她一道去。一进庙堂，她就点燃三根香，恭恭敬敬地向菩萨作了三个揖，将香插进香炉里。然后要我同她一起跪在菩萨面前。她发誓说："一百块钱要是我拿的，就被雷劈死。"我也照样发了誓。当时，如果不同保姆一道去庙里烧香赌咒，别人尤其是保姆就会真的认为一百块钱是我拿的。没过几天姑妈就知道了钱是她儿子拿的，并向我和保姆道了歉。20 世纪 50 年代初，姑妈的儿子在北京看到我，我曾问他是否记得此事，他笑着说不记得了。我说："那时受到姑妈怀疑也是情有可原的，姑妈并没有将我赶出家门，而且真相大白后，还向我和保姆道了歉。你们一家人对我的帮助太大了，没有姑父、姑妈的帮助，我很可能中学也毕不了业。"

泰戈尔说，埋在地下的树根使树枝产生果实，却并不要求什么报酬。胡赞飏先生、李林同学一家人、姑父姑母和建平兄，正是如此般无私付出，不求回报。他们只希望我好好读书，将来能够自食其力。在他们自身都挣扎在温饱边缘的困境时，仍然义无反顾地接纳并帮助我。他们的善良、热情和真诚使我不论身处何处、遭遇何事都能坚守人性的真、善、美，这是我人生莫大的收获。走上教师岗位后，由于自己曲折的求学经历及承蒙众多的援助，让我对学生有一股自然的“护犊之情”，只要学生有求于我，我都会全力相助，尽己“传道、授业、解惑”之责。

我经常在课堂里这样讲：人民是真诚、善良的，心灵是美的。我的这个认识，不是从看小说、话剧、电影电视中得到的，而是从我这 9 年的流浪生活中领悟到的。记得有一年寒假，我去一位同学家里，天刚亮，我就往他家走，什么东西也没有吃，走到下午，饿得实在走不动了，就躺在一农家稻草堆前。一位农妇看到了，就问我：“你怎么啦？”我说：“肚子很饿，实在走不动了。”她什么也没有说，就回家拿来几包酥糖给我吃。吃了酥糖，人感觉好多了，爬起来又走向茫茫的远方。还有一次，也是在寒假中，我去一位同学家，在路途中病了，打摆子（患疟疾），住在农村一家小客店里，如厕时，一条小腿掉进粪坑里，没有洗，就这样睡到床上，弄得满屋臭烘烘的。老板知道了，并没有生气，也没有骂我，他说：“我不怪你，你病了。为什么不先说一声呢？让我老婆给你洗一洗。”他就是以这种宽容、厚道、仁爱的态度来对待我。老话说：滴水之恩当涌泉相报。每每想起胡赞飏先生、张凤仪女士、四哥以及其他人对我的恩惠，而我却滴水未报，内心深感惭愧不安。而且随着年龄的增长越来越感到愧疚。为了回报他们和社会对我的关爱，2015 年，我将从 1949 年到 2015 年所集的新中国邮票，包括方联、小型张、小本票以及香港地区、苏联的邮票卖掉，所得 20 万元，全部捐献给哲学系，作为贫困生的助学金。2015 年 11 月 23 日，《湖南日报》以《湘大九旬教授设立奖学金》为题写道："哲学系原主任沧南教授专门设立沧南奖学金，激励哲学系在读研究生及本科生勤学奋进。""退休后仍然'离岗不离党，退休不褪色'，坚持给广大学生做思想政治教育工作，关心广大青年学生的成长与发展。他勉励同学们要学而不厌、学而不止，告诫学生们要用马克思主义哲学武装自己，运用马克思主义哲学的方法、观点和立场来认识、改造自身和世界，做一个完美的人。"万万没有想到，捐款后，我的一些毕业已多年的研究生和学生，担心我生活困难，自动筹集了 20 万元给我送来。这 20 万元，另外再加上 5 万元，我将在适当的时候，以"湘大人"的名义，继续捐献给哲学系，作为该系贫困生的助学金，使家境贫困的学子不再受物质所累，轻松徜徉在知识的精神海洋。现在，我还是这样想的：继续帮助身边需要帮助的同学，把胡赞飏先生、张凤仪女士等人的爱心传承下去，这或许是对他们回报、感恩的一种好方式。

加入共青团　奔向解放区

1947 年在北平东四牌楼刷标语

1947 年夏，我考取了北平朝阳学院经济系。进入大学后，我读了一些进步书籍，结交了一些思想进步的同学，思想发生了很大的变化。尤其是当我看到国民党政府腐败，社会黑暗，物价暴涨，特务横行，加上我出身贫寒，在思想上渐渐意识到：只有彻底推翻国民党的反动统治，中国才有希望，才能进步发展，人民才能安居乐业。所以，我积极参加反蒋民主学生运动，并做一些力所能及的工作。1948 年 5 月的一天，同班同学吴晓波(原名记不起了，这是他解放后改的名字，听说在北京门头沟工作）找我谈话。他说："上学期我们看到你每次游行都积极参加，说明了你对现实的不满，这很好。但是反对现实，反对国民党的反动统治，靠几个人不行，是很难见成效的，必须依靠组织。"我问："什么组织，反不反国民党?"晓波说："是共产主义青年团。当然反对国民党啊，你想不想加入?"我毫不犹豫地说："想加入，真的想加入。"经过晓波同志介绍，我加入了共产主义青年团的外围组织——民主工作先锋队。当年斗争极其复杂，每个年级都有国民党特务，并严密监视着每一位思想进步同学的活动，为防万一，都是单线联系。组织有什么活动，就由晓波同志通知我。我有什么意见、问题，就直接找晓波同志谈。入团以后，我搞学运工作就更加积极了。

当时，我们的活动有两种形式：一是地下的秘密活动，比如，有次学习党的有关土改方面的政策，就是坐在体育场佯装着看篮球比赛进行学习的；一是公开的活动，组织"呼唤歌咏团"，规定每周六下午活动，或唱歌，《在那遥远的地方》《掀起你的盖头来》等民歌，就是那个时候学会唱的，或扭秧歌。当时，许多活动，如学生自治会改选、游行示威或召开什么座谈会，就以"呼唤歌咏团"的名义组织进行。

1947 年下半年，北平各大院校组织反对美国扶植日本的大游行。队伍行至王府井大街时，被国民党军警鸣枪阻拦，同学们都蹲在地上。我和另一位同学就将看热闹的小孩子组织起

把孩子们组织起来

来，教孩子们唱《团结就是力量》。

1948 年 8 月 19 日，北平各报刊登一则重大新闻：北平特别刑事法庭“奉命清除潜伏匪谍”，拘捕北大、清华、师院、燕京、朝阳学院等 11 所大学“职业学生”。公布了准备拘捕的 250 名学生名单。名单公布之日，国民党宪兵、军警就将 11 所院校团团包围起来。8 月 20 日又公布第二批逮捕名单 75 人。在地下党领导下，列入名单的学生大部分

教孩子们唱《团结就是力量》

都安全转移到解放区。后来听说，“8·19”后，被捕的学生达百人之多。有党员、团员，也有思想进步的学生。我记得“8·19”那天，晓波要我和其他许多同学死守大门。我们把大门关上，并用许多课桌抵住大门，颇有“固若金汤”的感觉。但没想到，下午四点多钟，校内特务从后门就把国民党宪兵、军警带进校来，直接去地下室抓走了我们的战友。我们在前面听到战友被抓，就愤怒地围攻特务头子训导长李贵民，质问李贵民：为什么要逮捕我们的同学？他们犯了什么罪？难道美帝扶植日本不该反对吗？难道贪污腐败不该反对吗？两个宪兵扶着他往东院逃，我们一边追，一边扔砖头砸他。我跑在最前面，一砖头扔在宪兵的钢盔上，两个宪兵跑掉了。李想跑进教室里去，由于地上有水就滑倒在地，于是大家就用砖头砸他。追打李贵民的时候，我的确很勇敢，根本没有想到怕，但是打了以后，同学们都分散了，心里就有些紧张了。大门、后门都有军警把守，只准进，不准出。特务则在校内到处搜捕。我跟随晓波同志东躲西藏，一夜没有合眼，天快亮的时候，我们才溜出学校。晓波说：“你还是去你的同学家里住，千万不要出来，过几天有一位王先生来找你，一切听他安排，要记住是王先生。”

大概是第三天下午，我坐在房间里看书，听见有人敲门，一开门，看见一个陌生人，就问：“先生，你找谁？”那人往四周看看，悄悄地对我说：“我是王先生。”

“王先生，快进来说吧。”我说。

那人说：“我还很多急事要办，就不进来了。”他又往四周看看，然后说："根据内部情报，你的名字已经上了黑名单，组织上决定你必须马上离开北平，越快越好。"

"去哪里？"我问。

那人说："去冀中解放区。这是组织上给你搞的北平居民证和路费，你拿着。"他还说："同你一块去解放区的还有位姓周的同学，关系在他那里。路上一定要小心。"

当时我还有些犹豫，走吧，一怕过封锁线，二是在北平生活习惯了，有些留恋，一想到马上就要离开对我有恩、与伯母、弟妹朝夕相处两年的李家，我心里就很难过。不走吧，又怕被国民党抓。想来想去，最后决定：走。走的那一天，我装扮成一个做小生意商人的样子，胡子没有刮，手里拿着一个麻袋。当天下午，我们到了天津联络站，在站里住了一夜，第二天又坐了半天火车。下车走了一会儿，就看到前面有一条河，河边站着许多持枪的国民党士兵，在逐个盘查过河的人。这种场面，我从来没有看见过。现在不但看到了，而且要亲历其境，不免有些紧张。但是，我又想：我的脸上并没有写着"共青团员"四个大字，有什么可怕的呢？应当尽力镇静才是。我们走到河边，分别站在等候检查的人群队伍中。一个持枪的士兵走过来问我：

"你到哪里去？"

我说："去沧县"。

这个士兵追着问："去沧县干什么？"

我说："去买点干货。我是做小生意的。"同时，迅捷地将组织上给我的路费塞给了他。他的手一摆，意思叫我上船。就这样，我顺利地过了封锁线。那位姓周的同学也上了船。

船过了河，我们登上了岸，沉重的心情一下就轻松下来了。那个年代革命青年的独有特性：期盼解放、民主、自由和对新社会的向往，顿时就流露出来了。有的笑，笑得那样甜蜜；有的低声哼着“解放区的天是明朗的天”，哼得那样潇洒、自在；有的相互交谈，谈得那样亲切。那种愉快、舒坦的心情，只有亲身经历的人才能体会出来。

听说，从河边到沧县县城还有二十余里。那个时候，交通极不方便。到县城唯一的交通工具，就是骡子拖的大板车。我们乘坐大板车去沧县，找到沧县接待处，工作人员要我们改名字。当时没有估计到全国解放会这么快，原来希望我们学习一段时间，再回北平去搞学运工作，所以必须改名。我想沧县是我进入解放区的起点，也是我今后新生活的起点，而我又是南方人，为了永远不忘这一新的起点，就叫沧南吧。这是我第二次改名，把姓也改了。办完手续后，天色已晚，我们要出去吃晚饭。那位工作人员说：“你们吃住只能在××客店（客店的名字已经忘记了），别处不要去，不安全。”我们就在工作人员指定的那家客店住了一夜。第二天工作人员把我们送到泊头镇招待所，我们在招待所住了三天。每天都有人来，有的来自北平，有的来自天津，有的来自别处，有大学生，也有中学生。三天后，招待所又把我们送到正定华北大学。

正定位于石家庄北边，离市里约15公里，是一座历史古城。蜀国大将赵云即出生于此。古时称常山真定。《三国演义》曾两次这样写道：赵云“常山真定人”。“我是常山赵子龙”。我在正定时，在正街一个巷口处就曾看到一个牌匾写着“常山”二字。我估计：将“真定”改为正定可能是在清代。因为据某些书籍记载，该县明末仍称为“真定”。华北大学校部设在城里天主教堂里。我们这个班也住在教堂里。教堂旁边有一座庙宇。那时庙宇断垣残壁，破烂不堪，野草丛生。但是大雄宝殿还较完整地矗立在院落里，供奉的是一尊坐式的千手观音菩萨，高约十余米。记得有一次我登上菩萨的肩膀，还够不着菩萨的耳朵。

在泊头镇（现称泊头市）招待所，我认识一个女孩，她叫严敏(原姓高，名湘灵，进入解放区后，改叫严敏)，天津人，中共党员。她大大方方，知识面广，为人实在、坦诚，见人总是笑嘻嘻的。我同她聊了几次，聊得来，她也愿意同我聊。到华北大学后，第一步就是分班分组。没想到，我同

严　敏

严敏不仅分在一个班，而且分在一个学习小组。在那个年代，就怕年轻人过早谈恋爱影响学习，预防措施之一就是学习小组每一个月重新划分、重新组合一次。真是有缘分，我和严敏从开班学习到结业，在6个多月里从来没分开过，一直同在一个学习小组。这样，自然接触、聊天的机会就多了。晚饭后，我和她经常出去遛遛，一边走，一边聊，聊学习的心得，聊过去的生活，聊各自家庭的情况，聊对新中国的美好向往。当时我们过的是供给制生活，组织上每月发给我们渤海币五角钱作为零用钱，她都留给我买烟抽。

1949年2月，上级领导要从华北大学抽调300名学员作为南下干部，我和严敏都报名要求南下，想去见见世面，经经风雨。一天晚上，她拿着表格来，要求我在表上明确写明和她的关系。我说：现在还是战争年代，是不是等革命在全国胜利后再谈。她很不高兴。那天晚上她同我谈了很久。

3月上旬，组织上带领我们去老区参观地道战的原型，严敏因病没有去。我们回来后，她非常高兴，把一个小本子悄悄地交给我。本子上究竟写了些什么，现在我也不记得了。

华北大学结业后，我留校，严敏则分配到北平华北革命大学。我住市内，她住西郊，联系很不方便。那个时候，不像现在家家都有电话，人人都有手机，当时唯一的联系方式就是写信。记得20世纪50年代初，她写信问我："你入党了吗？你入党了，我祝贺你成为一名共产主义战士。如果没有入党，那就要问你：为什么？为什么？"我觉得这封信对我很有促进意义，一直放在我的书桌抽屉里，没事时就拿出来看看。可惜的是，这封信在“文化大革命”时期被“造反派”抄家抄掉了。

我和严敏没有走到一起，是我一手造成的。但是，我脑子里总是会想到她，而且经常想到同她在华大生活的零星琐事。我每次去北京开会，总是打听她的消息。老天不负有心人。有一次终于在方青(华大同班同学，严敏的好朋友）处得知严敏现住天津。方青说：“一个月前，严敏来看我。我们在闲谈中还聊到了你。”我回校后就给她写信。怎么也没有想到，严敏来的第一封信，竟被我妻子杨荣芳拿到了。她说：“沧南，严敏来信了，说她现住天津，住一小间，起居自由，希望你去天津聚聚。”妻子在说这话时，脸上流露出很不愉快的神情，有些醋意。

我说：“老朋友之间通通信是很正常的。你也认识严敏。现在我们都是一大把年纪的人，除了问候问候，不可能有什么想法了。”

我们通了一些信。严敏在一封信中写道：“看了你寄来的信和发表的文章，产生了一个闪电似的念头——欲意要抓住点什么，也许是光阴，也许是友谊，热泪模糊了双眼，所以无论什么都更加不清晰了。”她还在另一封中写道：“论相识，始于 1948 年，可谓老友了。……我却发觉都仍保留了青年时代的、四十年代末期的、独有的特点——坦诚。”

1996 年秋冬以后，我寄去多封信和已发表的文章，始终没有收到她的回信，很是焦虑，就请在南开大学读博的韩莹莹到严敏住处去看看。没过多久，莹莹打电话来说：“严姨已病逝了。”

严敏，你病我不知情，殁不知时，内心深感悲痛和愧疚。相遇、相识、相知五十载，多少事，自难忘。忘不了，我坐在桐油灯下，你给我画墙上的影子；忘不了，初春的傍晚，我俩漫步在那时的正定街头……今天我重读你的来信，物是人去泪自流，剪不断的情思，是悲痛。我就是在怀念和悲痛中写下这段难忘的回忆的。

华北大学是当时解放区的最高学府。校长是无产阶级革命家、教育家、党内五老之一的吴玉章，四川荣县人。当时吴老已是古稀71岁的老人了，来给我们青年团员作报告，乘的不是小轿车，也不是吉普，而是一架大板车，车上放着一把太师椅，椅子上面垫着一床破旧棉被，这就是吴老的“专车”。吴老作报告，就坐在方桌上的太师椅上，没有一杯茶水，就这样讲了近两个小时。我们坐着小马扎，聚精会神地听，不时热烈地鼓掌。吴老干了一辈子革命，做了一辈子有益于革命、青年和人民的好事。毛泽东说：“一个人做点好事并不难，难的是一辈子做好事，不做坏事，一贯地有益于广大群众，一贯地有益于青年，一贯地有益于革命，艰苦奋斗几十年如一日，这才是最难最难的啊！”“我们的吴玉章老同志就是这样几十年如一日的人。”①

华北大学是一座革命大熔炉。

我在华大虽然只学习了6个多月，但是这段学习经历却对我今后思想政治的发展奠定了一定的基础。70年来，我之所

① 《毛泽东文集》第2卷，人民出版社1993年版，第261–262页。

以能够这样顺顺当当走过来，是与华大对我的教育分不开的。华北大学教学的显著特点之一，就是坚决贯彻实事求是的学风。教员是理论联系实际地教，讲课就是作报告。报告之前，教员一定通过其助手深入班组了解情况，或是听取班主任汇报。报告的目的，一是解决学员思想中存在的问题，二是提高学员对中国革命的认识，三是帮助学员树立全心全意为人民服务的世界观。听完报告后，学员就联系自己的思想，认认真真地写发言提纲，开小组讨论会，结合开展批评和自我批评。最后班主任作总结。

我们在华大没有丝毫精神负担，生活非常轻松愉快，可以大声唱在国民党统治区想唱而不许唱的歌，可以大声说在国民党统治区想说而不许说的话。同志之间、上下级之间互相关怀，亲密无间，生活在这个集体中感到非常温暖。虽然物质生活比较艰苦，但是我们不怕苦，也不觉得苦。当时没有电灯，也没有煤油灯。我们用的是桐油灯，灯光微弱，而且冒着一股黑烟。解放区的伙食分三种：小灶、中灶、大灶。我们吃的是大灶，主食就是窝窝头、小米饭，菜就是大白菜、萝卜丝，而且油很少，只是在吴老生日那一天吃了一次长寿面。我吃了两大碗，胀得腰都弯不下来了。穿的是公家发的一套棉衣裤，衬衣就是一件，无法换洗，也没有热水洗澡。每个人身上都长了许多虱子，一开会我们就不自觉地在身上摸虱子。当时我们不是叫它虱子，而是叫它“光荣虫”。我们参加革命无疑是光荣的，当然寄生在我们身上的虱子也是光荣的。

九年的人大生活

1949 年 1 月 31 日，北平宣布和平解放。华北大学于 4 月从河北正定迁移到北平铁石狮子胡同 1 号（现称张自忠路）。5、6 月间，华大一部就开始在北平招生。学生成员比较复杂，有大学生、中学生、社会青年、待业人员，还有特务借机混入革命队伍。当时组织上分配我到华北大学一部研究室工作。同时分配到研究室工作的还有一位同志，他就是胡钧，山东人，北京大学经济系学生。我和胡钧同住一间窄小的房间，一边一张床，中间放着一张小桌子，两人共用，椅子放不下，白天就把床铺当椅子坐。尽管这样，比起在正定睡地铺，当然要好得多了。伙食也有很大的改善，有时可以吃到馒头和二米饭（大米和小米混合在一起煮成的饭），隔三岔五还可以吃到一点肉。我们的任务就是经常下到班组了解学员思想动态和对中国革命的看法，为一部主任陈唯实做报告提供资料。

6 月底，为了纪念党的生日“七·一”，组织上要胡钧和我出一期黑板报。我们自己没有写文章，也没有组稿，只是选择几篇有关论述“七·一”的文章和“七·一”的资料。文章的题

从左至右：萧前、沧南、方华

目和作者的姓名，现在已经记不起了，只记得 6 月 30 日下午，我和胡钧去东四六条校部打印室打印材料，一直搞到深夜才回来。从六条走到地安门蓑衣胡同有很长一段路。那个时候，路灯情况也不太好，有的地方黑不溜秋的。回来后，我们就把大黑板抬到食堂旁边，放在引人注目的地方。我们按照事先编排的顺序，把文章和资料一一张贴在黑板上。那一夜几乎没有睡，但是，“七·一”看见很多同志围观黑板报，觉得一夜没有睡很有意义，值得。

7 月 1 日下午，组织上通知我：下午五点在铁石狮子胡同 1 号门口乘车去开会。开什么会、到什么地方开会都没有说，直到先农坛运动场，才知道是北平市为庆祝中国共产党成立

28周年而召开的庆祝晚会。我能作为华北大学代表队的一员，确实感到非常荣幸，那种兴高采烈的心情很难用适当的语言表达出来。华北大学代表队就坐在主席台旁边。我坐的位置，距离主席台不过两丈远。七点钟，在华灯齐放、流光溢彩中，毛主席和中央领导一一走上主席台，全场沸腾了，不断高呼中国共产党万岁！毛主席万岁！接着就是齐唱《没有共产党就没有新中国》。这是我第一次这样近距离看见毛主席，清清楚楚地看到他挥手向大家致意。毛主席在会上没有讲话。但是，他在6月30日发表了为纪念中国共产党成立28周年而写的《论人民民主专政》一文。他在文中指出："党的二十八年是一个长时期，我们仅仅做了一件事，这就是取得了革命战争的基本胜利。这是值得庆祝的。因为这是人民的胜利，因为这是在中国这样一个大国的胜利。但是我们的事情还很多，比如走路，过去的工作只不过是像万里长征走完了第一步。"①

同年11月，刘少奇来学校作报告指出：新中国成立后，为了适应革命发展和建设的需要，新中国需要建立一所新型的大学。中央决定将华北大学改建为中国人民大学，任命吴玉章同志为校长，苏联派专家来支援。中国人民大学是一所新型的综合性文科大学，设有经济系、哲学系、财政系、工业管理系、统计系、中文系、俄语系（有些系现在记不起来了），新校舍建在西郊魏公村附近。1950年招生，同时也招研究生。

---

①《毛泽东选集》第4卷，人民出版社1991年版，第1480页。

1950年5月，我和胡钧随上海招生组去江苏招生。6月回校，组织上通知我和胡钧去铁石狮子胡同一号经济系研究生班攻读政治经济学硕士，学制是两年。9月开学，周一至周六听苏联专家讲马列主义基础、政治经济学、经济学说史，胡华讲中国革命史，晚上学俄文，由苏联女专家教授。在学习期间，我、胡钧和其他几位同志犯了一个大错误。事情是这样的：

毛泽东早在党的七届二中全会的报告中就谆谆告诫全党："务必使同志们继续地保持谦虚、谨慎、不骄、不躁的作风，务必使同志们继续地保持艰苦奋斗的作风。"① 可是，进城不过两年，我们队伍中的意志薄弱者，在资产阶级的意识形态和生活方式的进攻面前就打了败仗，有的贪污，有的铺张浪费，有的摆官架子，高高在上。因此，1952年12月1日，中央决定在全党进行反贪污、反浪费、反官僚主义的斗争。从性质上说，是无产阶级反对资产阶级的意识形态和生活方式腐蚀的严重斗争，也是改造国家机关、移风易俗的社会改革运动。这场斗争，不仅是一个重大的经济问题，更是一个重大的政治问题。运动一开始，我们就积极参加学习。当时，我们都还年轻，刚刚参加工作，小资产阶级思想没有得到很好的改造，辨别是非能力又不高，所以，一听到有人说：学校各级领导铺张浪费和官僚主义严重，运动在各个系发展极不平衡，有的单位还没有什么动静。我们就信以为真，觉得这是个大问题，搞得

① 《毛泽东选集》第4卷，人民出版社1991年版，第1438–1439页。

不好，运动就会走过场。我、胡钧，还有其他几位同志，就想到各个系去串联，把运动轰轰烈烈地搞起来。幸亏经济系领导及时发现，批评教育，予以制止。这件事，我们检讨了两个多月。党组织决定：我们几个人平时照常上课、听报告，但是周日不准出去，必须在房间写检查，大概有八九个周日没有出过校门。我记得在运动后一阶段，范长江曾来学校作报告，把我们几个人想搞串联一事的性质，定为小资产阶级的狂热性。他在报告中说：有些同志想搞串联，是小资产阶级的狂热性的表现。它干扰了运动的大方向。现在回忆起来，范长江的批评是完全正确的，非常实事求是，没有无限上纲，把串联提到政治性原则的高度。当时，我、胡钧等人，的确很狂热，那个劲头，就像过去在国统区搞民主学生运动似的。

古人说："吃一堑长一智。"经过这次错误，我吸取的教训就是：必须从理论和实践结合上认认真真地改造个人主义的世界观。我的狂热病，辨别是非能力不强，轻易听信别人的话，归根到底，是由我的个人主义世界观决定的。为什么轻信别人的话呢？因为自己头脑里就有这种思想。为什么辨别是非能力不强呢？就是因为脑子里有一个"私"字。"一叶障目，不见泰山。""叶"就是"私"，有了"私"，就看不清事物的全貌，分不清真和假。"心底无私天地宽。"只有消除头脑里的"私"，才能认识、把握事物的本质及其发展规律，才能成为一名在理论和实践的结合上为实现共产主义事业而奋斗的战士。

我与胡钧相识，始于1949年，与其妻杨惠廉女士相识，始于 1951 年。杨惠廉，哈尔滨市人，精通俄语，是当时经济系政治经济学研究生的翻译。苏联专家阿尔莫作夫给我们讲政治经济学，一讲就是五六分钟，讲一大段，

从左至右：胡钧、杨惠廉、沧南

杨惠廉从不做笔记，却能一字不落准确流畅地翻译过来。大家都爱听她的翻译。这就说明了杨惠廉不仅俄语棒，而且政治经济学也很棒。记得 20 世纪 50 年代中期，她请杨荣芳去西城砂锅居吃砂锅豆腐。荣芳回来告诉我：“砂锅居的砂锅豆腐很好吃，什么时候你去吃一次。”很遗憾，我在北京待了十几年，始终没有品尝过砂锅居的砂锅豆腐。2016 年 10 月末，胡钧来信云：“惠廉久病，医治无效已走了，永久地走了。”老友永远地走了。我的心是悲戚的。安息吧，我的老友。我离开人大后，一直与胡钧有联系。有时，我去北京开会就去看看他。有时，他来湖南开会或讲学就来湘大看看我。平时，我们之间有书信往来，主要是研讨一些理论问题。我俩对一些理论问题的看法是一致的。比如，关于什么是马克思主义，事先我们根本没有议论过，但是，我俩对这个问题的看法却完全一致：马克思主义是关于人的解放和人的全面发展的学说。

1952 年 7 月，我在人大经济系硕士毕业，组织上分配我去人大哲学教研室任教。我在哲学教研室待了七年，做了三件事：第一件事，学习了马克思主义哲学。启蒙老师是苏联哲学专家凯列。我听过好几位苏联专家讲课，讲得最好的是凯列。他的讲课有以下几个特点：

一是观点明确。他讲的观点，从不让人感到模棱两可，可以这样理解，也可以那样理解。若有人不同意他的观点，他不像有的苏联专家那样，发脾气，扣帽子，而是心平气和地解释、说服，直到你心悦诚服为止。不仅如此，他对这一观点的经典作家的论述和有关资料都很熟悉。

二是论述、分析层次清晰，一环扣一环，条理性、逻辑性都很强。

三是强调理论联系实际。记得凯列在讲过渡时期经济基础这个问题时，逐一分析各种经济成分的性质之后说：过渡时期不可能存在一个完整的统一的经济基础，也不可能存在由各种性质不同的经济成分组成的所谓综合经济基础，只能是新的经济基础逐渐建立、旧的经济基础逐渐死亡。因此，需要一个立新除旧的过渡时期。

四是说话干脆利落，从不拖泥带水，没有重复的多余的话。

凯列讲课的这些特点，对我的教学影响极大，有些就是跟他学的。

此外，萧前和李质明也是我的老师。刚开始讲课时，讲稿写好后，首先就是念给他们听，根据他们提的意见，再进行修

萧前赠予的照片

改。萧前，湖北沙市人，中共党员，西南联大物理系肄业。1956 年（?），北京大学聘请他为该校哲学系主讲马克思主义哲学，我为辅导教师，主持哲学课堂讨论。20 世纪 80 年代中期，他同南开大学一位教授代表教育部来湘大检查毛泽东哲学思想研究生的教学和科研情况。他在充分肯定我们工作的同时，也指出了一些不足之处。1999 年 6 月，他托人带张照片给我。这是一张他在病中与博士毕业生的合影。萧前在照片背面写道：

沧南同志：你好，全家好。

我已在和疾病作斗争，我相信会取得最后的胜利。届时我会争取再来湘潭见见面。

萧前

99 年6 月

我曾多次默默地祝福他早日康复，再来湘大讲学。不幸得很，2007 年 8 月 23 日萧公乘鹤西去，噩耗传来，我十分悲痛，失去了一位良师益友，我国哲学界失去了一位为马克思主义哲学在新中国的传播、发展和为培育马克思主义哲学人才作出了自己贡献的哲学家。

我在哲学教研室学习、任教七年。这七年哲学的学与教，决定了我这一辈子对教学、对工作、对人、对己和对人生的态度。我这一辈子同各种各样的人相处过。有的人嘲笑我，这也不行，那也不行。他们在一起喝酒，就把我当“下酒菜”。好像不讲讲“沧南”，喝酒就没有什么味道似的。但是，我从不计较。我不但把他们的“嘲笑”看作是讲好课、搞好科研、改进工作、奋勇前进的动力，而且当“嘲笑者”需要帮助时，我绝不袖手旁观，必将助他一臂之力。有的人夸奖我，我也绝不洋洋得意，沾沾自喜，我清楚地知道自己有几斤几两重。我不固执己见，也不随波逐流。我不奢望，不强求，不讲究住所，有房住、有桌椅读书写字就行，分配我住什么房子就住什么房子，从不挑三拣四。40 年来，湘大先后为教授盖了几栋楼，我从未提过移居新楼的要求。20 世纪 90 年代，组织上要我搬到松涛村校长楼去住。有位同志患哮喘症，住东坡村有些气味经常使他喘不过气来，要我把松涛村的房子让给他去住，我欣然同意了。我不同别人比，只同自己的过去比，一比就看得清清楚楚了。我和我的家人的生活，就像芝麻开花节节高一样，一年比一年好，吃穿用一年比一年高档。我心态平和，一切顺其自然，从不为个人私事去麻烦组织。这就是我学习哲学后对待生活的心态，也可能是我老而未死的秘诀。现在我已年满93岁，吃94岁的饭了，与全国人口平均年龄相比，我已多吃多占17年了，已经非常非常心满意足了。一想到这些，心里始终是乐滋滋的。

第二件事，写了第一篇小文和第一本小册子《农民哲学常识》。

现在回忆起来，已经记不太清楚了。我的第一篇小文，大概写于1954—1955年间，题目大概是论述规律的客观性，发表在当时《光明日报》哲学专栏里。内容大概是说：根据客观规律办事，必须反对左的思想。左，就是跑到客观规律前面去了。同时，也必须反对右的思想。右，就是落在客观规律的后面。不论左也好，右也好，都背离了客观规律。文章见报没有几天，信息就来了，说“上面”指出：这篇文章反左是错误的。从这以后，我渐渐意识到哲学和政治的关系。

在阶级社会里，哲学是论证一定阶级在社会中的地位的，为该阶级的政治服务，是一门政治性很强的科学。马克思主义认为，政治是经济的集中表现。它产生于一定的经济基础，反转来又积极地反作用于经济基础。在剥削阶级作为阶级已被消灭的社会主义社会，政治的中心任务，就是大力发展社会生产力，这是决定社会主义前途命运的千秋大业，一定要死死地揪住不放。在社会主义社会，一切政治问题的解决，一定要有利于民生问题的解决，一定要有利于改善、提高人民的物质文化生活水平，这是以人为本的一条基本原则。背离了这条基本原则，人民就有意见了，社会主义制度就不稳定了。

哲学和政治之间的关系，有两个方面的意义：一方面，政治问题一定要根据马克思主义哲学的立场、观点和方法来解决。立场就是人民群众的立场。说得具体些，就是人民群众对富裕、幸福、美好生活的愿望。只有站在人民大众的立场，才能避免宗派主义、地方主义和官僚主义的错误。观点就是一切从实际出发，实事求是。只有按照这个观点来办事，才能避免不犯或少犯主观主义的错误。方法就是唯物辩证法。只有全面而彻底地运用唯物辩证法分析问题，才能不犯形而上学的错误。在实际工作中，不论解决什么问题，若是忽视这三条中的任何一条，什么问题都得不到正确解决。方针和政策也不可能步入正轨。另一方面，政治问题的正确解决，不仅可以巩固马克思主义哲学在社会中的统治地位，而且有利于马克思主义哲学的立场、观点和方法的坚定和发展。必须指出，尽管哲学和政治的关系是这样密切，但是，绝不能把哲学和政治等同起来，绝不能认为哲学理论上的探讨和争论，就是不同政治观点的斗争，就是阶级斗争的新动向。“等同论”，不是取消了哲学，用政治取而代之，就是严禁哲学理论上的探索研讨，二者必居其一。不论前者也好，后者也好，其后果都使哲学名存实亡。

1958 年，全国不少地方掀起了学习毛泽东哲学思想的高潮。现在，我不记得是《人民日报》还是《光明日报》曾以《石头砸开哲学大门》（?）为题，报道了河南登封县三官庙乡农民学习哲学的情况。当时我正在北京西山脚下南辛庄劳动锻炼，系里调派我去河南登封县三官庙乡学习给农民讲授哲学的经验，任务是在充分了解“教”和“学”哲学的基础上，编写一个小册子《农民哲学常识》，时间是两个半月。

1958年7月上旬，我到达三官庙乡。该乡位于嵩山南麓，山高岭秃，土薄地瘠。很早就有“石厚土薄，不长庄稼”的说法。解放前，这里的人民群众不仅受到地主阶级的残酷剥削，而且遭受旱、涝、冰雹各种自然灾害的袭击。据统计，在国民党反动统治时期，全乡662户外出逃荒、卖儿鬻女，就有480户；在3209人中，识字的只有21人，其中地主家庭有19人，中农家庭有2人。解放后，在共产党的领导下，仅仅几年，就完全变了个样，从原来的三类乡，一跃成为登封县社会主义建设的一面红旗。

我到达三官庙乡后，第二天就开始工作：

一、听课，学习老师讲述哲学原理的方式和语言。

二、在乡党委指导下，召开了三个座谈会。

第一个座谈会：为什么要学哲学。

当时三官庙乡有3860名干部和社员参加哲学学习。教材就是《学习》杂志社出版的《哲学常识课本》。学员绝大多数都是扫盲结业的，只有极少数人原来分别具有初小、高小、初中、高中文化程度。这里没有专任哲学教师，九位哲学教师都是兼任的，其中乡党委书记一人、生产合作社社长一人、扫盲干部一人、小学教员二人、民校教员四人。在这九位教师中，初中毕业的三人，初中一年肄业的一人，小学毕业的四人，扫盲结业的一人。从他们的理论水平看，只有两位教师过去学过一点哲学。一位是乡党委书记高长海同志，他在地委党校学过几个星期哲学。另一位是扫盲干部甄秉浩同志，曾自学过《哲学常识课本》。其余的人（包括全乡、社干部在内），只是听说学了哲学，可以帮助人们改造思想，提高认识能力，改进工作作风，但并不知道什么是哲学。

三官庙乡的干部和农民群众，为什么这样积极地学习哲学呢？为了弄清楚这个问题，我曾邀请几位同志开了一个座谈会。根据会上同志们的发言，他们所以确定先学哲学，归纳起来，有这样三个理由：

一是响应毛主席关于干部“又红又专”的号召。他们对于“红”的理解，就是无产阶级的立场、观点和方法。怎样才能坚定无产阶级立场、树立实事求是观点和掌握辩证方法呢？在他们看来，除了党的教育、斗争中的锻炼以外，还必须学习哲学。高长海同志根据他自己学习哲学的体会说：“如果要想从根本上解决问题，就得学习哲学。”

二是形势的需要。在扫除文盲后，这个乡的干部虽然摆脱了那种“报纸看不成，讲话讲不通，条子不会开，离开命令工作搞不成”的状态，但在全面“大跃进”的新形势下，他们仍然感觉到工作能力和工作方法不能适应形势发展的需要。比如，总结一个阶段的工作，有哪些成绩和经验，这些成绩和经验是怎样取得的，存在什么问题，问题是怎样发生的，就总结不上来了。如果叫他讲讲这一阶段的工作是怎样做的，他能讲，但一问经验、教训，就不吭声了。这就说明了干部的认识水平比较低，分析、综合能力比较差。因此，他们迫切地要求学习哲学。

三是改进工作作风。三官庙乡有些干部，在进行某些工作时，经常表现出主观主义、强迫命令、包办代替的作风。上级布置下来的工作，他们知道去做，这当然是对的。但很少考虑为什么要做和怎样去做。举一个突出的例子，在 1956 年秋收购棉花时，一个干部为了完成国家收购棉花任务，他向群众说："轧棉机只轧三天，过了三天就不轧了，谁要轧棉花就赶快送去。"群众听到后，就把棉花都送到轧棉机房去，这时他把大门一关，说："所有的棉花都要卖给国家，一个也跑不了。"群众并非不愿意把自己的棉花卖给国家，但是对这种做法，当然表示不满。参加座谈会的同志说："我们学习哲学，不是为了别的，就是为了搞好群众关系，改进工作作风，把工作搞好。"

概括起来，用他们自己的话说："党的号召，形势需要，干部要求"，这就是他们学习哲学的原因。

第二个座谈会：怎样学哲学。

根据我的了解，他们在这方面的做法大致是这样的：

从实际出发。过去，我们讲课时，通常总是采用这样的公式：从理论到实际。按着这个公式讲，不是用原理去扣实际，就是用实际来论证原理的正确性。如果分析不深不透，讲不出理论与实际之间的密切联系，结果就成了原理加例子。三官庙乡的哲学教师讲哲学是从实际出发，即对农民在生产和生活中经常接触到的具体事物，或是对真人真事进行分析，讲解其中的哲学道理。下面举两个例子来说明：

第一个例子：关于不同的阶级具有不同的阶级意识的原理。这个原理，由我们来讲时，当然是先从理论上分析，说明由于各个阶级所处的经济地位不同，因而也就规定了不同的阶级具有不同的思想意识。把这一切讲完之后，接着就举些例子来论证这个原理的正确性。三官庙乡哲学教师在讲授这个原理时，则是先从学员所熟悉的各种思想意识进行分析讲解。教师说：

“我们这里有个地主刘喜珍，过去经常说：‘穷靠富，富靠天，人之命，天注定’；‘不杀穷人，富人不富’；‘穷生奸刁富生礼’。”

“贫雇农说：‘手扶犁杖鞭打牛，老子不种你吃球’；‘扯淡！脑袋割掉不过碗大的疤’。”

“二流子、懒汉则说：‘今朝有酒今朝醉，哪怕明日刀割头；早些睡，晚些起，哪天不省二合米’。”

讲完这些思想之后，教师接着就提出问题，进行分析：

“为啥刘喜珍说‘不杀穷人，富人不富’，贫雇农说‘扯淡！脑袋割掉不过碗大的疤’，‘老子不种你吃球’呢？就是因为刘喜珍是地主。地主不劳动，靠剥削别人生活，靠杀穷人发财。所以，地主就有‘不杀穷人，富人不富’的思想。贫雇农给地主打活，受地主欺压、剥削，就有‘扯淡！脑袋割掉不过碗大的疤’，‘老子不种你吃球’的仇恨、反抗地主的思想。地主有地主的思想，贫雇农有贫雇农的思想。不同的阶级，思想也不同。”

第二个例子：关于矛盾两个方面相互转化的原理。他们在讲授这个原理时，同样，是先从阶级斗争实际讲起的。教师说：

“在解放前，地主支配咱们，叫咱们做啥就得做啥，谁不服从就整谁。这时，地主是处于统治地位，站在主要方面。解放后，共产党领导咱们组织了农会，农会见了天，穷人把身翻，把地主囚起来，叫他跪着，他不敢站着。咱们贫雇农再不像过去那样受地主压迫、剥削了。这时咋样了？是不是变了？是变了。咱们贫雇农就站在主要方面了。为啥变了呢？就是因为共产党领导咱们打垮了地主阶级的反动统治，建立起了人民政权……”他们就这样结合着阶级斗争实际，把矛盾两个方面相互转化的原理讲清楚了。

他们讲授哲学多半是采用这种方式。哲学教师讲授哲学一个最大的特点就是：紧紧结合生产实际和阶级斗争实际，根据农民群众所熟悉的事物来分析讲解哲学道理。这样一步一步地深入下去，所以能够一说就懂，一点就破。群众说：“哲学虽难，能深能浅，只要结合实际，也好懂。”三官庙乡当时流行着这样一首民歌：

“学习哲学并不难，主观客观要记全，唯物唯心是对头，物质精神两方面，遇事必须辩证看，矛盾斗争就发展。”

有时，教师先从理论上分析讲解，再结合实际事例来阐述，但是学员听不懂。哪儿听不懂呢？就是一开始讲的理论那一部听不懂。于是教师又把开始讲的理论那一部分去掉。这样就形成了从实际出发，启发诱导简答式的教学法。举个例子来说，比如，在讲物质第一性、意识第二性原理时，教师就搬一块大石头放在桌上。正当学员都感到很奇怪，难以理解，把注意力集中到石头上时，教师就指着石头提出问题。

问：这叫石头。石头在没有搬来前，存在不存在？

答：咋不存在呢？

问：你怎么知道这块石头呢？

答：看到了石头放在桌上，咋不知道？

问：不搬来呢？

答：石头还在，就是不知道它在哪里，不知道它是啥样子。

这时教师说：“看到放在桌上的石头，你脑子里就有了对这个石头的印象了。”接着又提出问题：

问：到底是先有石头，还是先有印象呢？

答：先有石头。

问：那什么是第一，什么是第二呢？

答：石头是第一，印象是第二。

教师接着说：“因为世界上有了石头，然后我们才能认识石头。石头、山、水、树木、庄稼、牛羊……世界上万事万物在先，不管我们看到也好，没有看到也好，它们都在那里。我们给这万事万物起个名字，就叫作物质。物质在先，是第一性的；对万事万物的印象、感觉、认识、思想，我们就把它们叫作意识。意识在后，是第二性的。我们认识了石头，知道了石头的特点，就可以利用石头砌墙、修水库、修路……这就叫主观能动性。”

就这样一问一答，就把物质和意识的关系问题讲清楚了。这种讲授方式，不仅能启发、诱导学员去思考问题，而且也容易接受。

对象不同，讲法也不同。给乡、社干部讲比较系统、详细。给一般社员群众讲课，时间、地点、内容、形式都很灵活。有时利用开群众大会前二三十分钟，结合会议的具体内容，讲解一个哲学观点。有时在工地上讲。比如在修水库工地上、教师就结合着水讲主观能动性。教师说：“这水是客观存在。不管你看到也好，没有看到也好，它总是在那里。过去，涝了怕水，恨水，旱了想水，爱水。就是没有办法控制它、利用它。现在党领导我们修水库，水来时蓄它，用时放它。当我们认识了水的性质，就可以根据对水的认识来为我们谋福利，这就叫主观能动性。”这种讲授形式，也很受群众欢迎。

总之，三官庙乡在讲授哲学方面的基本经验，根据我个人的看法就是：

第一，理论结合实际，从农民群众所熟悉的事物出发，来分析讲解哲学道理。

第二，区别对象，利用各种场合各种方式来讲授哲学。

第三个座谈会：学哲学的收获。

三官庙乡的干部和农民，学习哲学的效果究竟怎样，是不是能把所学的原理应用到实际工作和生产中去？回答是肯定的，效果好得很。具体表现在：

一是思想提高，迷信破除。在十月文化社讲了无神论后，紧接着就组织了“有没有神，神是为谁服务的”专题讨论。通过这次讨论，群众的思想提高了，知道了世界上并不存在什么神。神是剥削统治阶级用来从思想上来统治、奴役贫穷农民的。会后，一个八十岁的“老香头”范遂修把自己多年虔诚供奉的土地爷、财神爷扔掉了。在范遂修的带动下，全乡掀起了一个“打泥菩萨”的运动，将1230多尊泥菩萨都扔到田里作肥料。在未学习哲学前，许多人都认为大冰雹是化岳庙里的妖怪制造的，现在他们都知道这是一种自然现象了。

二是改进了工作作风。这个乡的干部，通过学习哲学，工作作风上的转变特别显著。我曾访问过两位同志，一位叫范运来，当时任乡党委副书记。另一位叫范福贵，当时任乡党委秘书。下面是他们谈话的记录：

范运来说：“在过去，咱的强迫命令是有名的。因为自己没有文化，在布置工作时，只知道讲一定要这样搞，为啥这样搞，道理讲不出，别人一提意见，咱就给他扣帽子。一个社干部就说咱工作方式不好，咱说：咱乡党委布置工作你不同意，帽子一扣，他就不吭声了。

“有一次，是在 1957 年冬布置植树任务时，一个社员叫范宽，上午开会他来了，下午开会他没有参加，晚上开会时咱说：要绿化荒山是周总理说的。下午开会大家都参加了，为啥范宽不参加？都像范宽这样绿化荒山能不能完成？大家讨论讨论咋办。大家说：不能完成。咱说：那咋办呢？罚他中不中？大家说：中。咱说：罚他一个劳动日中不中？大家说，中。这样就罚了范宽一个劳动日。

“在过去，像罚人的事还多着呢。罚站，咱一次就罚了 11 个人站。罚体力劳动、搞变相斗争会，咱都做过。上级规定不准打人，咱就踢他一脚。

“自从学习哲学以后，学会了调查研究，咱的工作作风有了很大转变。

“1957 年麦收时，红光社二队队长报的产量，大家都怀疑他少报了。要是在以前，咱就说：你想想看，是不是隐瞒产量了。如今不是这样了。首先，咱下去摸情况。到每个小组去问问一共打了几场麦，每场打了多少斤，然后把它累起来。这样咱心里就有个底了。第二，去访问个别老农和积极分子，问他们今年的麦子咋样。比哪年好些，比哪年坏些。第三，访问管理员，问他每个小组送来多少斤麦。第四，查会计账。经过这样的调查以后，咱计算一下，他少报了一千多斤麦子。咱心里有底了，就去找二队队长。咱问：你们一共打了多少斤。他说打了多少多少。要是在过去，咱早就发火了。现在咱首先给他上政治课，算细账，说明少报产量对队、对队长也没啥好处。尽量启发他。他说这些道理他都知道。下午又去找他。他说，没有少报，最多错二十斤；如果多了愿受法律处分。咱说：你工作忙，是不是记错了。好好再想想。第三次去找他，他还是不说。咱说咱们对账。他马上惊慌了，他说最多错五十斤。咱说，错一百斤不算错，不罚你。这样他还是不说。最后咱就同他对账了，一对，他少报了一千多斤。”

范福贵说：“有一次，磨满村王秀兰同她男人吵架，两个月往乡公所跑了七次。男人说：媳子不让他吃饭。媳子说：他没有粮食。两口子吵架问谁呢？咋解决？没有办法。咱也不去问问，就叫他们去法庭。法庭又把他们打发回来了，问题还是没有解决，思想上感到很窝囊。

“那时开始学哲学了，咱就想，每件事发生都有它的根源，好比一棵树一样，如果没有根，它不会长梢。这件事如果没有根，那它咋会发生？另外咱考虑，这件事发展过程到底咋样，在这个过程中到底有哪些人参加。这样，咱首先分析这件事的根源。第二方面，再分析它发展的过程，有些什么人参加。咱了解，媳子婆跟她女儿偷粮，媳子不满意，同婆子吵架。婆子没办法，就叫儿子打媳子。根源在婆子身上，你想光解决男人和媳子的问题咋行呢？所以，咱把他们三个人都叫到乡公所来一块谈谈，叫他们订公约，要勤俭持家。问题解决了，现在家庭很和睦。媳子还有创造发明。”

可以这样说，这两位干部的转变，是整个三官庙乡、社干部工作作风转变的一个缩影。

三是发展了生产。三官庙乡的干部和农民，从实际出发，学习哲学，然后又把学得的原理应用到生产中去，从而推动了生产的发展。

举个例子来说。1957 年工作很忙，摆在他们面前亟待完成的任务就有三项：搞水利，植树，麦田管理。头绪这样多，哪一项是中心工作呢？经过研究后，他们认为搞水利、修水库是中心工作，是当时的主要矛盾。因为只有先把水库修好，才不怕旱，不怕涝，丰收才有保证。主要矛盾抓住了，怎样解决呢？首先就是分配劳动力。因为修水库是当时的中心工作，所以把主要劳动力都集中起来去修水库，半劳动力去搞麦田管理。植树采取突击形式，先由少年做好植树的一切准备工作，一个夜晚就把它突击完了。

水库修得差不多了，麦子也成熟了。麦子一熟，麦收就成了主要工作，这时虽然又要播种（种玉米），但是，中心工作是麦收。因此，劳动力又作了重新分配。麦子收割完了，马上又重新分配劳动力去播种。1957 年 7 月底这个乡的玉米，头遍草已经锄了 80%，而其他有的乡连种子都还没有播种。

这些生动的事例，有力地说明了这个事实：劳动农民学习哲学，是能够领会它的精神实质的。领会了，就能应用。在实际工作中，他们不仅能够应用这些原理，而且应用得很出色。完全可以肯定：随着马克思列宁主义哲学学习的逐步深入，农民群众将会创造出伟大的奇迹。

《农民哲学常识》一书

经过一段时间的学习和调查研究，我构想这本《农民哲学常识》小册子主要写三个问题：农民学习哲学的目的和方法；从实际出发和怎样从实际出发；怎样认识和解决矛盾。在讲述这三个问题中，也不是面面俱到，只是提供一些与生活密切相关的、容易掌握的一般性的知识。写了九个问题：

一、哲学并不神秘

二、为什么要学哲学和怎样学哲学

三、从实际出发

四、怎样才能认识事物

五、人的主观能动性

六、认识矛盾和解决矛盾（一）

——矛盾是普遍存在的

七、认识矛盾和解决矛盾（二）

——矛盾的特殊性

八、认识矛盾和解决矛盾（三）

——矛盾的统一性和斗争性

九、敌我矛盾和人民内部矛盾

我把编写《农民哲学常识》的构想，详细地向乡党委高书记和教哲学的老师们谈了。他们都同意这样写，并提出篇幅不能长，每个问题只能写三千字左右，要密切结合农民生活和生产实际。我说：“每写完一个问题，就到农民学习班宣讲一遍，听取学员们提出的意见后，再进行修改。”高书记和几位老师都觉得这样做比较好。当时，北京通俗读物出版社有两位编辑也在三官庙乡，每次宣讲，他们都来听，并提出怎样修改的意见。他们走时对我说：“你编写的《农民哲学常识》，我们出版社给你出版，你回人大后，把稿子修改好寄给我们。”《农民哲学常识》1959 年 5 月出版发行，印刷了 10000 册。

我在三官庙乡住了两个多月，在食堂吃饭。记得刚到时，每餐可买一个馒头，一碗南瓜糊。没过多久，每天只能买一个馒头，不够就瓜菜代。当时我已经感受到了粮食供应紧张，吃不饱，肚子饿得咕咚响。记得中秋节那天下午，高书记送给我一个碗口那样大的薄薄的土月饼。他说：“这是我们乡里自己做的，每人一个，你也有一个，你尝尝，还可以。”我吃了一口，觉得好吃得很，舍不得一下就把它吃掉，准备慢慢来享受这又酥又甜的土月饼。

中秋节后，我回到了北京。大概是 1958 年秋冬之际，系主任告诉我：“沧南，昨天胡副校长告诉我，康生同志打电话来说：你校有个老师去河南三官庙乡，只搞调查写作，不参加生产劳动，是不对的。”康生说我“只搞调查工作，不参加生产劳动，是不对的。”看起来他好像是一个马克思主义者。其实，这个卑鄙的家伙是一个地地道道的反马克思主义的阴谋家。马克思主义在他那里仅仅是个手电筒，只照别人，不照自己。1942 年，延安整风期间，康生任中央总学习委员会副主任，以“抢救失足者”为名，大搞逼供信，伤害了一大批革命干部。“文化大革命”期间，康生任中央“文化革命”小组顾问，勾结林彪、江青两个反革命集团，打着红旗反红旗，玩弄阴谋诡计，捏造罪名，蓄谋陷害包括刘少奇在内的一大批久经考验的忠于党、忠于社会主义、忠于人民的党政军领导干部。康生把党的领导神化，制造个人崇拜，搞早请示晚汇报，跳忠字舞，并为林彪、江青两个反革命集团阴谋篡党夺权制造理论根据。1980 年 10 月 16 日中共中央决定开除其党籍。因为康生于 1975 年死亡，所以不再起诉。没过多久，系主任齐一又对我说：“中央党校校长杨献珍同志，又打电话给胡副校长，说你不参加生产劳动。”

我说：“齐一同志，我去三官庙时，系里给的任务，就是编写一个小册子，没有说参加生产劳动。当然，我也不自觉，你看什么时候，我去三官庙乡搞两个月劳动。”

齐一说：“这事不能怪你，由系里负责来处理。”

1959 年 6 月，我就调离人大，去武汉大学哲学系任教，这事也就不了了之了。

第三件事，加入了中国共产党。

我到哲学教研室不久，又提出入党要求，先是口头的，后是书面的。支部安排组织委员范芒与我直接联系，每月向她汇报一次思想和教学情况。她同我的第一次谈话，如今我还记得清清楚楚。她说：

“入党就意味着将自己的一切都交给了党，由党来安排。你能做到吗？”

“能做到。”我说。

“‘做到’两个字，说起来很容易，可是真正做起来就不那么容易了，很困难。从你所讲的入党动机来看，你要求入党是为了讲好课和面子好看，不是为了建设社会主义，最终实现共产主义，这就是个人主义在入党动机上的具体表现，也是你把自己的一切交给党最大的思想阻碍。不根除这个阻碍，你就很难做到同党一条心，全心全意为党服务。希望你今后自觉地加强党性修养。”她对我要求很严格，看到我有些好的表现，就鼓励，看到我有些不好的表现，就批评。

那个时候，入党要求是非常严格的，不仅要思想好、学习好、教学好，而且历史要弄得清清楚楚，每个阶段都需要有证明人。从1943年11月到1944年6月，这段历史虽不太长，但是情况却非常复杂。1943年11月，我在安徽屯溪考取了国民党中央军校，1944年2月，在贵州省独山县又离开了军校，在独山住了三个多月又去重庆。这几个月的情况，只有一个人知道。此人，就是朱璋生。但是，从1944年6月在重庆分开后，一直没有与他联系，他生死不明，到哪里去找他呢？不把这些情况弄清楚，就不能入党。我万分焦急、忧虑。我的入党介绍人范芒，根据我所谈的情况，不知费了多少精力，花了多少时间，跑了多少路，居然在北京找到了朱璋生，将这几个月的情况搞清楚了。

1956 年 6 月 24 日上午，范芒告诉我："明天下午党支部开大会讨论你的入党问题，不要紧张，也不要害怕。"说句老实话，不要紧张，不要害怕，的确很难做到。我是既紧张，又惧怕，心情久久不能平静下来，一夜都没有睡好。25 日下午开党支部大会，我向与会同志汇报了三个问题：一是我是怎样认识中国共产党的；二是我为什么要加入党；三是今后的努力方向，克服个人主义，增强党性。汇报后，我就坐在旁边，听取同志们对我入党的意见，有鼓励，有批评。我的心里就像十五个水桶七上八下的，忐忑不安。同志们发言后，我暂时离开会场，过了好一会儿，范芒才出来叫我回会议室。我走进会议室刚一坐下，支部书记舒天巩就说："同志们经过充分、认真的讨论，同意沧南同志加入中国共产党，预备期为一年。党组织希望沧南同志今后要更加严格地要求自己，把教学工作搞好，要更自觉地加强世界观的改造，不仅在组织上入党，更重要的是在思想上入党，做一名名副其实的中国共产党党员。沧南同志有什么意见可以谈一谈。"同志们热烈鼓掌，表示祝贺。我热泪潸潸地说："我入团后，特别是在解放区看到了共产党人的艰苦朴实、敢于挑重担子、与人民同甘共苦的作风，看到了人民那样热爱、拥护中国共产党，我就立志要做一名党员。经过八年的努力，我的志向变成了现实，这完全是党教育和同志们帮助的结果。今后我一定遵循党的教导，做一名名副其实的为实现共产主义事业奋斗终生的战士。"2016 年是中国共产党成立95周年，也是我入党60周年，我又被湘潭大学党委评为优秀党员，真的高兴极了。60年来，我在党的领导下，虽然做了一点工作，但与党的要求还相差很远很远。我必须不断学习，不断改造，不断前进。

在这里，我还需要感谢我的入党介绍人范芒。她已作古了。范芒，我经常想到你，你知道吗？我们一道去四道口给夜大上课；晚饭后，一道去农村宣讲毛泽东思想；你请老妈妈做蛋饺子给我吃；每次我俩出去，不是请我吃面，就是买桃苏给我吃……那些情景，历历在目，我忘记不了。我将永远怀念你，我的入党介绍人，范芒。

我记忆中的反右斗争和“大跃进”

1957年的反右斗争和1958年的“大跃进”这两个运动，我都亲身经历过。当时我正在中国人民大学哲学系任教。从时间上看，应该把这段回忆写在《九年的人大生活》中，但那样写，它的篇幅就太长了。我之所以把这两个运动作为一段回忆来写还有一个原因，就是当今知识分子中总有那么一些人，没有亲身经历过反右斗争，不了解当时的具体情况，对反右斗争有一些误解。我是反右斗争的亲身经历者，趁着脑子还清醒的时候，我有责任把1957年反右斗争的来龙去脉实事求是地写出来，这对人们正确认识反右斗争或许还是有点意义的。

关于反右，邓小平曾说过两句话：第一句话是“的确有必要”。第二句话是“扩大化了”。1981年3月27日，邓小平在《关于反对错误思想倾向问题》一文中指出：

“1957年的反右派斗争，我多次讲过，那个时候确实有人杀气腾腾，但是我们处理得过了，扩大化了。当然，不能把当时所有被批判的人都说成什么问题、什么错误都没有。我看反右斗争，还是两句话：一句是必要的，一句是扩大化了。”[1]

4 个月后，邓小平在一次讲话中又指出：

“回忆一下历史的经验：一九五七年反右派是扩大化了，扩大化是错误的，但当时反右派的确有必要。大家都还记得当时有些右派分子那种杀气腾腾的气氛吧，现在有些人就是这样杀气腾腾的。我们今后不搞反右派运动，但是对于各种错误倾向决不能不进行严肃的批评。”[2]

为什么说在“当时反右派的确有必要”呢？

为了说明这个问题，我不能不讲一讲 1957 年 4 月党的整风运动。众所周知，1956 年三大社会主义改造基本完成后，我国资产阶级作为阶级已经被消灭。这就是说，我国的社会主义制度已经基本建立起来了。但是，人民群众对这个新的社会制度需要一个适应和习惯的过程，广大干部对这个新的社会制度也需要一个学习、认识和取得经验的过程。同时，因为在新的历史条件下，有些同志淡化了毛泽东在七届二中全会中提出的两个“务必使同志们继续地保持”的谆谆教导，官僚主义、宗派主义和主观主义有了新滋长。因此，1957 年 4 月 27 日，党中央决定在全党进行一次以正确处理人民内部矛盾为主题，以反对官僚主义、宗派主义和主观主义为内容的整风运动，其目的就是总结经验，吸取教训，提高思想认识水平，以便适应新的形势，正确处理人民内部矛盾，更好

① 《邓小平文选》第 2 卷，人民出版社 1994 年版，第 380 页。
② 《邓小平文选》第 2 卷，人民出版社 1994 年版，第 390 页。

地为新的社会主义制度服务。为了达到这个目的，中央指出：整风只能采用说服教育、和风细雨的方法。因为“三个主义”都是意识形态的问题，而意识形态领域内的矛盾斗争，不同思想政治问题的解决，不能靠拳头，也不能靠权力来压服，压的结果是压而不服。唯一正确的办法，就是靠真理来说服，以理服人，以情动人。毛泽东指出：“对于人民内部的思想问题，对于精神世界的问题，用简单的方法去处理，不但不会收效，而且非常有害。……只有采取讨论的方法，批评的方法，说理的方法，才能真正发展正确的意见，克服错误的意见，才能真正解决问题。”但是，批评、说理“不应当是教条主义的，不应当用形而上学方法，应当力求用辩证方法。要有科学的分析，要有充分的说服力”①。

但是，共产党整风，从来不是关门整风，总是邀请各民主党派、无党派人士和广大人民群众帮助党整风，给党的工作提意见。可是，极少数资产阶级右派分子主观地认为，这是反对共产党，用资本主义取代社会主义的时机来到了。他们在“帮助共产党整风”的名义下攻击党。人大右派分子写大字报，晚上就在铁石狮子胡同小礼堂作报告，攻击马克思主义，攻击党的领导，攻击社会主义制度。反右斗争已经过去整整 60 年了。可是，1957 年 5 月人大右派分子的那种表现，至今依然还深深地铭刻在我的脑海里。

---

①《毛泽东文集》第 7 卷，人民出版社 1999 年版，第 232–233 页。

我记得，1957 年 6 月上旬，《人民日报》发表了题为《这是为什么?》的社论，大意是说当时国务院一位姓卢的秘书长助理，是中国国民党革命委员会中央委员。卢在民革中央扩大会议上讲如何帮助共产党整风，根据他自己多年与共产党相处的经验，讲了几点与别人不同的意见。根据我的记录，主要有这样几点：

第一，帮助共产党整风，不要削弱或取消党的领导。

第二，卢说：我自己同共产党员相处很好，相互信任，相互支持，相互沟通，在我们之间没有“墙”和“沟”。如果有人和党员之间有“墙”和“沟”，那就双方都应该主动地来拆“墙”，来填“沟”。

第三，如果共产党员对某些意见进行辩驳，不能认为这种辩驳是报复打击。

我觉得，这些意见实事求是，完全正确。但是，没有想到卢的讲话见报后，就收到了匿名信来辱骂他、恐吓他。匿名信写道：在报上看到你的发言十分气愤，你是无耻之徒的典型，不赶紧回头，人民是不会饶恕你的。读者可以想一想，为什么卢的这些实事求是、平易近人的意见会遭人攻击？为什么会有人辱骂他是“无耻之徒的典型”？因此，《人民日报》发表了《这是为什么?》的社论，接着连续发表了《工人说话了》《文汇报的资产阶级方向应当批判》一系列社论。这样，就在全国上下进行了反对资产阶级右派分子的斗争。

基于以上所述，读者可以看到，1957 年的反右派斗争，完全是由于“资”令智昏的资产阶级右派分子挑动起来的。中国共产党领导全国各族人民进行反右斗争是完全必要、完全正确的。但是，反右扩大了，对当时阶级斗争形势估计得过于严重，把许多人民内部矛盾当作敌我矛盾来处理，把许多正常的批评和建议也看作是右派向党发起的进攻。这样，就把一批人错划为右派分子，伤害了许多好同志、好干部和好朋友，其中不少是有真才实学的教授。他们长期受到委屈和不公正的待遇。1959年后，特别是粉碎“四人帮”反革命集团后，党中央本着实事求是、有错必纠的原则，决定对划为右派的人又再一次进行复查，把被划错了的人改正过来，恢复其政治名誉。对他们的工作、生活待遇都根据政策作了妥善安排。从而使这些同志从多年被歧视的政治困境中解脱出来，得以在建设中国特色社会主义伟大事业中贡献自己的力量。

最后，我想谈谈官僚主义、宗派主义和主观主义产生的根源。

现在，我国绝大多数人都认识到了马克思主义是唯一科学的、革命的世界观，是中国共产党的行动指南，是党和政府制定包括社会主义基本制度、人民民主专政（即无产阶级专政）在内的一系列规章制度和方针政策的理论基础，是社会主义社会的精神支柱。因此，我认为社会主义社会不可能是“三个主义”产生的根源。为了讲清楚这个问题，有必要谈谈我对马克思主义的认识。

什么是马克思主义？长期以来，许多人都这样来界说马克思主义：马克思主义是关于阶级和阶级斗争的学说，是关于无产阶级革命和无产阶级专政的学说，是关于建设社会主义和共产主义的学说。这些都是从功能层面来定义马克思主义的。马克思主义为什么具有这种功能呢？当然是由马克思主义的本质决定的。那么什么是马克思主义的本质呢？马克思主义博大精深，但是归结到一点，就是人，就是关于人的解放和人的全面发展的学说。当然，马克思主义所讲的人，绝不是指某一个阶级的人，也不是指某一人种的人，而是指生活在地球上所有的人，即是全人类的解放和全面发展。这就是说，人类的解放和全面发展，不是哪一个国家、哪一个民族的责任，而是各个国家和各个民族的共同的事业、共同的责任。我们只有站在全人类的解放和全面发展的高度，才能认识到马克思主义和被马克思主义武装起来的中国共产党的伟大。（详见附录）

从我国社会主义改造、社会主义建设和社会主义改革的实际情况来看，我觉得，马克思主义所讲的人的解放和全面发展，大致可分三步走：

第一步，把人从被压迫、被剥削、被奴役的牢笼里解放出来。办法就是通过工人阶级革命和工人阶级专政，剥夺剥削者的权力。但是，消灭资本主义剥削制度，工人阶级从资本主义剥削制度下解放出来，并不等于就是全人类的解放。这只是全人类的解放和人的全面发展的第一步。

第二步，把人从贫困生活和私有制的束缚中解放出来。办法就是大力发展经济，大力发展科学技术，使人人都富裕起来，不愁衣食住行，不愁看病，不愁孩子上学，不愁环境污染，都能过着蓝天白云、青山绿水条件下的富裕、幸福、美满的生活。

第三步，把人从被束缚于某一种工作岗位中解放出来。办法就是大力发展教育，提高人的科技文化水平，使体力劳动和脑力劳动成为人的生活常态。人，既能从事体力劳动，又能从事脑力劳动，可以根据自己的体力、学识、才能、兴趣和个性自由地选择工作。这时候的人，不分国家，不分民族，不分人种，都是平等的，互相尊重，互相帮助，共同发展。人的全面发展不是自然形成的，而是经济、科技、文化、社会、生态文明高度发展的结果。只有到了生产不再以某一社会集团、阶级、国家、民族的富裕，而是以全人类的富裕为目的的时候，人，才有可能成为自由的、全面发展的人。但是，要把这种可能变成现实，人的主观努力和刻苦学习就起着决定性的作用了。

这三步，是一步比一步难走。相对来说，第一步比较容易走。第二、三两步比第一步走的时间要长得多，要困难得多，要复杂得多。

总之，人的解放和全面发展是社会历史发展的必然结果，这是一项极端艰巨、极端复杂的系统工程。因此，马克思主义要求共产党人在实践活动中，永远不能做官当老爷，永远不能搞宗派、小集团的利益，永远不能从主观愿望和随想出发，必须深入实际，根据条件，具体问题具体解决。马克思主义从她产生的那一天起，就同官僚主义、宗派主义和主观主义势不两立，不可能同时并存于党内。用今天的话来说，马克思主义就是官僚主义、宗派主义和主观主义的克星。我的结论就是：以马克思主义为理论基础的社会主义社会制度，不是也不可能是产生“三个主义”的根源，恰恰相反，“三个主义”却是马克思主义历来所反对的对象。

那么，“三个主义”是从哪里来的呢？水有源，树有根。我认为，官僚主义和宗派主义产生的根源是旧的社会制度。众所周知，意识形态具有相对的独立性。一种意识形态一旦形成，就有它自身的相对独立性，有它自身的发展规律。这种相对独立性的表现之一，就是意识形态与经济基础的发展不是同步进行、始终一致的。这就是说，旧的经济基础消灭了，而在旧的经济基础上产生的官僚主义和宗派主义却不会随着产生它们的经济基础的消灭而消失，它们还残存在相当一部分人的头脑里，在社会生活中仍然起着作用，而且会长期影响着人们的活动。我记得，新中国成立的第三年，也就是 1951 年 12 月，党中央就在全党进行了一次反贪污、反浪费和反官僚主义的整风运动。这场运动距现在已经过去 66 年了。在这 66 年中，我们党进行了多次整风运动，特别是这些年来，党中央一而再再而三地告诫全党反贪仍在进行中，并向纵深发展。可是就有那么一些人竟敢顶风作案。这就充分说了意识形态领域内的斗争是长期的。这是一个方面。另一个方面，共产党人不是生长在真空中的，小时候受到家庭的影响，长大后又受到社会的影响，官僚主义、宗派主义、贪污腐败、损人利己、好逸恶劳、铺张浪费等旧思想、旧观念、旧传统、旧习俗就是通过这些渠道来影响那些意志不坚、入党动机不纯的共产党人。所以共产党经常整风。整风是中国共产党的伟大创举。这是使共产党人不忘初衷、坚定信仰、杜绝恶习、防微杜渐、自我净化，从而使我们的党更加团结、更加巩固、更加强大的有效途径。整风运动生动地说明了社会主义社会制度不但不是产生官僚主义、宗派主义的根源，恰恰相反，却是进行反对官僚主义和宗派主义斗争的锐不可当的武器。

至于说到主观主义产生的根源，那就是作为认识主体的人了。主观主义，过去有，现在有，一万年以后也有。可以这样说，只要有人存在，就会有主观主义。因为作为认识主体的人，不论是什么人，不论处于什么地位，都不可能在任何时候、任何条件下都能全面而正确地认识事物的本质及其发展规律。所以，从认识的整体上、全局上来说，主观主义的错误是难以避免的。我们只能力求少犯一点主观主义的错误，办法就是在理论和实际结合的基础上，勤奋学习，刻苦钻研辩证的、历史的、实践的唯物主义。这个学习的过程，就是改造世界观的过程，就是狠批个人主义世界观、树立马克思主义世界观的过程，也就是学习、掌握一切从实际出发、调查研究、走群众路线、掌握辩证方法的过程。

那么，什么是马克思主义的世界观呢？现在大家都这样说：马克思主义的世界观，就是马克思主义的立场、观点和方法的统一。还有人说：“世界观是你的想法。”这些说法，都没有把马克思主义世界观的本质完全表述出来。我认为，马克思主义世界观不仅是一个理论问题，更不仅是一个“想法”的问题，同时也是一个实践问题。体现在理论上，她就是认识世界和改变世界的立场、观点和方法的统一；体现在实践上，她就是为人民服务。马克思主义的世界观，就是马克思主义的立场、观点、方法和为人民服务的统一。离开为人民服务来讲马克思主义世界观，那是抽象的、空洞的、教条的、没有实际内容的马克思主义的世界观。这种马克思主义谁都可以讲。反之，离开马克思主义的立场、观点和方法来讲为人民服务，那就不可能坚定为人民服务的立场和方向。总之，马克思主义的世界观也是理论和实际的统一。我们应该从这个统一来认识、把握马克思主义世界观的精神。

我记得，1957年秋末，人民大学整风运动和反右斗争已近尾声，学校党委根据党中央干部参加劳动通知的精神，要求各系年轻教师下农村锻炼，时间是一年。哲学系由副系主任方华带队，劳动地点就在北京市西山脚下一个农业生产合作社。大约有十几位老师，其中有杨焰、孙长江、罗定虹、马玉珂。从1957年秋末到1995年离休，我先后在北京西山，河北衡水，湖北孝感、红安、当阳、仙桃、武昌，河南登三官庙乡，湖南醴陵等地的农村与农民同吃、同住、同劳动，搞了两年光景，受益终生。我觉得，知识分子下放农村，与农民同吃、同住、同劳动，对于社会主义建设具有重要意义。

第一，知识分子下放农村，与农民同吃、同住、同劳动，有助于树立社会主义社会的新风尚。

众所周知，在人类认识发展史上，是马克思主义第一次明确提出并科学地论证劳动创造了人。人，只有创造了生产工具，进行了生产劳动，才能从动物群中分离出来，成为真正的人。劳动创造了人，创造了人类历史，创造了财富和文化。所以，马克思主义把劳动看作是最光荣的事情，把劳动者看成是最值得尊敬的人。可是历来好逸恶劳的剥削阶级总是把劳动看成是下贱的、没有出息的事情，把劳动者看成是下等人。鄙视劳动，鄙视劳动人民，这是旧社会的恶习。知识分子下放农村锻炼，对于移风易俗、消除鄙视劳动的恶习，树立社会主义社会尊重劳动和劳动人民的新风尚，具有非常重要的意义。

第二，知识分子下放农村，有助于农民奔赴富裕之路。

我先后在农村住了两年，深深感到城乡差别实在太大了。我记得，1957 年秋末，北京西山脚下南辛庄还没有电灯，没有自来水。我们用水，要到村庄西头井里去打水。1982 年，我带领学生去湖南醴陵农村进行社会调查，看到生产基本上还是靠畜力和人力。当时我就想：社会主义社会不可能建立在先进城市和落后农村这样的基础上。城市建设得再先进、再漂亮，如果不从根本上改变农村的面貌，这样的社会主义是不会稳定的。改革开放以来，尤其是近些年来，由于党和政府大力解决“三农”问题，农村出现了许多新情况：农民种田不但取消了农业税和各种收费，彻底结束了农民种田交农业税的历史，反而获得了政府给予的种田补助；粮食连续十多年的丰收；许多地区耕地、播种、收割都实现了机械化；农村不仅盖了别墅式的楼房，而且小轿车和高档电器也进了寻常百姓家；适应科学种田和生产社会化的需要，许多地区成立了各种新型的生产合作社，发展了集体经济；新型农村医疗制度，惠及广大城乡居民。湖南基本上实现了户户有电，村村通车，这些新质因素的积累，为2020年全部摘掉贫困县、贫困村、贫困人口的“帽子”，人人进入小康社会，夯实了牢固的基础。邓小平说：“所谓小康社会，虽不富裕，但日子好过。……没有太富的人，也没有太穷的人，所以日子普遍好过。”[①] 这就是说，小康社会是不穷也不富，日子好过的社会。轮流下放农村锻炼的知识分子，有的懂水利，有的懂土壤，有的懂种植，有的懂品种改良，有的懂教育，有的懂机械。在党的领导下，他们可以运用自己的才能和智慧，帮助农民奔赴富裕之路。

第三，知识分子下放农村，是知识分子向劳动人民学习，提高觉悟的一个有效途径。

1971年，我在武汉大学襄阳分校任教。同年10月，分校领导要我带领第一届工农兵学员去仙桃镇附近一个生产队进行社会调查。我们一到生产队，生产队长和我将同学们安排好住宿后，生产队长就问我：

“沧老师，我们队的情况你知道吗？”

“我不知道。”我说。

“来队联系的那位王主任，没有将我们队的情况告诉你吗?”生产队长问道。

“没有。我来的时候，王主任只说要我们好好接受贫下中农的再教育，别的什么也没有说。”我说。

“沧老师，告诉你，我们这个队是血吸虫病重灾区。现在还有不少病人在治疗。”生产队长说。

“队长，我们已经来了，你看怎么办呢?”我问。

生产队长为人很憨厚、朴实，想了想说：“以后我来分配工作，你们不要下水田劳动，就在旱地干活，摘棉花。还有，你们不要到河里去洗衣服，不要到河里洗脸、刷牙。这里附近驻有一个省委工作组，你去同工作组商量一下，是不是可以两个星期去仙桃镇区招待所住一天，洗个澡，洗洗衣服。”

我说：“谢谢队长对我们的关心。等一会我就去省委工作组同他们商量一下，如果工作组同意，我们就两个星期休息一天，如果不同意，我就叫同学们不要换衣服，脏就脏一点，好歹就个把月。”

后来，我去找省委工作组，把生产队长的谈话和我的想法同一位处长（好像姓方）谈了一下。处长完全同意，并主动去区招待所帮助我们解决吃住问题。

这件事对我的教育很大。一位农民具有说老实话、办老实事的品格，并且主动地帮助我们解决问题，令人敬佩。如果我们的干部个个都像这位生产队长那样憨厚、朴实，不说假话，不隐瞒真情，不浮夸，不耍花招，不欺骗人，我们的事情就好办多了。如果不讲真话，隐瞒实情，事情可就难办了。

我在三省一市的农村都住过，尽管各地农民的居住环境不同、生活习惯不同、性格不同、爱好不同，但是，有一点却是共同的。这就是：不论遇到什么困难，农民从不气馁，从不动摇，从不低头，从不放弃自己的希望。有希望，就有干劲，就有力量。这一茬歉收，他们就早起晚睡，把希望寄托在下一茬的丰收上。如果今年是小丰收，他们就信心倍增，精耕细作，撸起袖子加油干，把希望寄托在来年的大丰收上。农民的这种高尚品格，值得我们好好学习。正是因为农民具有这种锲而不舍、坚忍不拔的精神，加上政府政策的大力扶助，所以，我国农业这些年来是一个大丰收接着一个大丰收。

1958 年，党的八届二中全会通过了鼓足干劲，力争上游，多快好省地建设社会主义的总路线。毛泽东在总路线提出后，没有经过认真调查研究和试点，就在全国发动了片面追求高速度、高指标的“大跃进”运动和农村人民公社化运动。同时报刊批判“农业生产有限论”，鼓吹“人有多大胆，地有多大产”“不怕做不到，就怕想不到”。当时，不但把总路线、“大跃进”、人民公社称为“三面红旗”，而且以此来评价人的政治态度。同意“三面红旗”就是“左派”，就是“促进派”；不同意“三面红旗”就是“右倾”，就是“促退派”。

从 1957 年秋末到 1958 年的“大跃进”，我记得，我们在农村除了种植蔬菜外，做了三件事，好像都没有做成。

第一件事是挖水库。我记得，农业生产合作社决定在南辛庄南边挖一个长宽各约 80 米的正方形的水库。挖到四五尺深就出水了。越挖水就越多，也越难挖，因为下面都是鹅卵石。后来就没有再挖了。

第二事是改变一条小河的流向。在南辛庄东边有一条小河。现在，我不记得小河的水是由北向南流，还是由南向北流。生产合作社下达的任务，就是改变小河水的流向。合作社集中了许多劳动力和人大下放锻炼的同志都去挖小河，加班加点地挖呀，挖呀，挖了好多天，也没有看到水倒流。

第三件事是搞种小麦试验田。生产队要人大下放同志搞一块小麦试验田，并指出：同志们要做促进派。大家要敞开思想，要敢想。人有多大胆，地有多大产，就看你们敢不敢想。我们讨论的结果是亩产 14 万斤。海淀区开打擂台会，方华带领我们几个人去参加。许多生产队都报亩产 20 万斤，有的队甚至报亩产 26 万斤。我们只报 14 万斤，没有资格在大会上发言。打擂台的结果，看谁报得多，谁就是一等奖。当时就敲锣打鼓，带上大红花，发奖状，好像这就是“大跃进”。

《关于建国以来党的若干历史问题的决议》指出：“由于对社会主义建设经验不足，对经济发展规律和中国经济基本情况认识不足，更由于毛泽东同志、中央和地方不少领导同志在胜利面前滋长了骄傲自满情绪，急于求成，夸大了主观意志和主观努力的作用，没有经过认真的调查研究和试点，就在总路线提出后轻率地发动了‘大跃进’运动和农村人民公社化运动，使得以高指标、瞎指挥、浮夸风和‘共产风’为主要标志的左倾错误严重地泛滥开来。……庐山会议后期，毛泽东同志错误地发动了对彭德怀同志的批判，进而在全党错误地开展了‘反右倾’斗争。……这场斗争在政治上使党内从中央到基层的民主生活遭到严重损害，在经济上打断了纠正左倾错误的进程，使错误延续了更长时间。主要由于‘大跃进’和‘反右倾’的错误，加上当时的自然灾害和苏联政府背信弃义地撕毁合同，我国国民经济在一九五九年到一九六一年发生严重困难，国家和人民遭到重大损失。”

① 《邓小平文选》第 3 卷，人民出版社 1993 年版，第 161–162 页。

"在劫难逃"

1959年夏初，武汉大学校长李达访问中国人民大学，并请人民大学支援武汉大学一名哲学教师。胡锡奎副校长指示哲学系调派一名教师去武大。系领导议论的结果是：认为我是南方人，是讲师，又是党员，符合李达老提出的要求，决定调我去武大。当时我想：在人大是教研哲学，去武大也是教研哲学，去就去吧，也就同意了。那天中午胡副校长设筵款待李达老，我被邀请参加。同年6月26日，哲学教研室为我送行，特地邀请我去颐和园划船、聚餐。我在北京待了13年，在人大生活了9年，6月28日，我就要乘火车南下去武汉，月有圆缺，人有离合，这是不可避免的，但愿人长久。我怀着惜别的心情离开了培养我的人大，告别了哲学系的同志们。

武汉大学坐落于武昌珞珈山，依山傍水，东湖水是绿的，珞珈山是青的，青山绿水，环境优美极了。我在武大待了18年，度过了两个难以忘却的时期，也是那个时代的中国人民难以忘却的时期。

第一个是三年困难时期。

现在中青年同志，很难想象那时的困难。中国素以地大物博闻名于世。可是，在那困难时期，菜场却很难见到蔬菜，肉、鱼就更不必谈了。街道寂寞冷落，商店货架都是空荡荡的。说困难，就似乎什么东西都没有了，确实令人惊愕。

口粮定量普遍减少，吃不饱，加上菜少，油又少，肚子老是咕咕叫。腿肿，走不动路。

肉、油每户每月供应各一斤，有时只能供应半斤。豆腐每户每月供应四小块。

那是个票证时代，买粮要粮票，买肉要肉票，买油要油票，买菜要菜票，买布要布票，买肥皂要肥皂票，买烟要烟票。总之，买什么都要票。1961 年，妻子杨荣芳把春节供应物资的票证全部丢失了，那年除夕，我们没有吃年饭。幸好，当时政府允许做高级糕点卖，价格比较贵，五角钱一个，很小，我买了 40 个酥饼、蛋糕等糕点，就当除夕年饭，一家人吃得高高兴兴。两个孩子说：“蛋糕、酥饼好好吃，明年过年，我们还要吃。”

1962 年，由于党和政府即时调整政策，我国国民经济就开始比较顺利地恢复和发展了。困难也就这样过去了。

第二个是十年“文革”时期。

我是“文化大革命”的亲历者，被批被斗近 10 年。可是，我并不知道什么是“文化大革命”。直到 1981 年学习了《关于建国以来党的若干历史问题的决议》（以下简称“决议”），我才知道：“‘文化大革命’是一场由领导者错误发动，被反革命集团利用，给党、国家和各族人民带来严重灾难的内乱。”这一界说，从中国的实际情况来看，符合马克思主义，符合中国实际情况，是合情合理、完全正确的。

第一，界说划清了两类不同性质的矛盾。

“文化大革命”是毛泽东发动和领导的。毛泽东为什么要发动“文化大革命”？根本原因是他对党内情况的分析是错误的。他的主要观点是：

一是一大批资产阶级的代表人物、反革命的修正主义分子，已经混进党、政、军和文化领域的各界里，相当多的单位的领导权，已经不在马克思主义者和人民群众手里。

二是党内走资本主义道路的当权派，在中央形成了一个资产阶级司令部，它有一条修正主义的政治路线和组织路线，在中央各部门、省、市、自治区都有他们的代理人。

毛泽东认为：为了解决这两大问题，过去虽然进行过各种斗争，但是收效甚微。因此，只有实行“文化大革命”公开地、全面地、自下而上地发动群众，采用大鸣、大放、大字报、大辩论、大串联的“五大”方法，来揭发上述的黑暗面，才能把被走资派篡夺的权力重新夺回来。这实质上是一个阶级推翻另一个阶级的政治大革命，以后还要进行多次。这些观点曾被概括为所谓“无产阶级专政下继续革命的理论”。毛泽东的这些错误观点，明显地不符合马克思主义的基本原则，明显地不符合中国实际，也明显地背离了他自己一贯倡导的实事求是的思想路线。这是毛泽东的个人思想的错误，要同经过科学概括的毛泽东思想区别开来，也要同林彪、江青两个反革命集团利用毛泽东的错误，在阴暗的角落里扇阴风、点鬼火，挑动群众斗群众，妄图篡党夺权，实行反革命政变的罪恶活动区别开来。

毛泽东认为，相当多单位的领导权不在马克思主义者和人民群众手里。林彪就是利用这个错误观点，提出“怀疑一切，打倒一切”。江青就是利用这个错误观点，提出建国后 17 年在文化领域实行的是一条“黑线专政”。“这条黑线就是资产阶级文艺思想、现代修正主义文艺思想和所谓三十年代文艺的结合”。[①]后来，林彪、江青又把“黑线专政”论扩展到教育、出版、卫生、公安工作和党的组织、宣传、统一战线工作以及其他党政工作。这就是说，建国后 17 年，在党政许多部门和文化领域都是在搞“黑线专政”。炮制这种颠倒是非的谬论，不仅给各条战线工作带来灾难性的后果，而且为林彪、江青两个反革命集团篡党夺政，进行反革命政变制造了理论根据。

因此，必须要把毛泽东的错误，同林彪、江青反革命集团的阴谋罪恶活动严格区别开来。前者是人民内部矛盾。“决议”指出：毛泽东在全局上一直坚持“文化大革命”的错误，但他也制止和纠正过一些具体错误，保护过一些党的领导干部和党外著名人士，使一些负责干部重新回到重要的领导岗位。他领导粉碎了林彪反革命集团的斗争，对江青、张春桥等人也

① 《邓小平文选》第 2 卷，人民出版社 1994 年版，第 424 页 35 注释。

进行过严厉批评和揭发，宣布他们是“四人帮”，指出江青有当党中央主席和操纵“组阁”的野心。这些都对后来我们党顺利地粉碎“四人帮”起了重要作用。而后者则是阴谋篡党夺权，他们进行的反革命政变是对抗性的，是敌我矛盾。

第二，界说明确指出了“文化大革命”是“严重灾难的内乱”。

“文化大革命”，不是马克思主义所说的革命，它不具有任何除旧创新的进步意义。“文化大革命”所反对的许多东西，恰恰是马克思主义和社会主义的基本原则。它所打倒的“走资派”，恰恰是久经考验的党和国家的各级领导干部。在一个时期，工人有厂不能工，农民有田不能种，学生有校不能上。所以，“文化大革命”对党、国家和各族人民来说，就是一场严重灾难的内乱。它根本没有乱了敌人，而只是乱了自己。因而也根本不可能由“天下大乱”达到“天下大治”。在当时，只有立即废止“文化大革命”，肃清“左”倾错误思想，并彻底消灭林彪、江青两个反革命集团，才能由“天下大乱”达到“天下大治”。对于党和国家肌体中确实存在的某些阴暗面，如官僚主义、浪费、贪污和其他陋习，不仅需要作出正确的估计，不能看成一片漆黑，而且需要运用符合法律和党章的正确措施加以解决，决不能采取“文化大革命”的理论和“五大”方法。

1966年4月，即“文化大革命”前夕，武汉大学党委通知我和历史系一位黄老师去广州参加中南局召开的理论工作会议。中南局书记陶铸作了一个报告，主要是讲学习、宣传毛泽东思想和反对修正主义。返校后，似乎“文革”序幕已经拉开。我被质问为什么要参加这个会。当时我对政治形势还没有清晰的认识。就反驳说：不知道，是党委安排的。直到哲学系总支书记兼系主任余志宏被打成“黑帮”后，我才明白局势的严峻。“造反派”抄余志宏家时，搜出了我曾写给他的一封信，那是 1966 年春一起去湖北孝感搞四清时，我先回校觉得校内气氛有些异样而给他写的一封信。我在信中大意是说：学校现在非常强调学习毛泽东著作，学生也不上课了。余和我是邻居，又是我的领导，我们之间关系很好。“造反派”就凭这封信和我在课堂上讲的“现在各民主党派在中国共产党领导下，为社会主义经济基础服务，总有一天要转化为社会主义上层建筑”的观点，就把我打成“黑帮”“反革命修正主义分子”“特务”，两次抄家，翻箱倒柜。直到 1975 年，“造反派”还开我的批斗会，贴大字报：“沧南不下山，就把山头削平。”“文革”从开始到今天已经半个世纪了，斗批改的场面记忆犹新，历历在目，似乎永远无法忘却。

一是武汉大学哲学系共有 40 多位教职员工，一下就揪出了 13 个“黑帮”。武汉大学也只有一千多名教职员工，就揪出了近 400 个“黑帮”“特务”“反革命修正主义分子”。“黑帮”越揪越多，许多老一辈无产阶级革命家、开国元勋也一个一个被揪出来批斗。批斗何时了？“黑帮”知多少？我不知道，很困惑，忧心忡忡。在那个年代，是坏人和缺德无才、贪婪的小人当道，好人遭殃。武汉大学哲学系总支书记兼系主任余志宏，是一位久经考验的老同志，为人公正，正派，对人宽，对己严，党性强，平易近人。1959 年 6 月，我从中国人民大学调来武汉大学哲学系任教，是余志宏亲自去武昌火车站接我的。我与他是邻居。我们既是领导与被领导关系，又是朋友关系。三年困难时期，他曾几次将政府照顾他生活的肉类、豆类等物品送给我和孩子吃。并嘱咐：“这是暂时的，要相信党。”1949 年 8 月，湖南和平解放，余志宏曾先后代表湖南地下党委负责同志分别同当时湖南省主席程潜、长沙警备司令陈明仁将军当面会谈，并数次秘密组织反蒋拥共进步人士的座谈会，为湖南和平解放出谋划策。余志宏为湖南和平解放贡献了自己的力量，公安部曾予以表彰。这样一位功留青史的共产主义战士，竟被打成“特务”，迫害致死。粉碎“四人帮”后，湖南党政代表和一些老同志专程去武汉大学为余志宏召开平反昭雪追悼大会，以慰忠魂。

二是我被大会批，小会斗，一斗就是三四个小时，而且必须低下头，弯着腰，两臂向后高高举起，这就是“造反派”发明的“乘飞机”的批斗式。他们批斗我是“特务”，九次去解放区刺探军情。在批斗过程中，若是表示自己的意见，那就是不服罪，要罪加一等。台上批斗我，台下则高呼：“打倒沧南”，“沧南罪该万死”，“沧南不投降，就叫他灭亡”。

三是“黑帮”每天八点要集中去看大字报，最初沧南两个字是倒写，几天后就把沧南两个字用红笔画一个大框框框起来，再过两天我的名字就用红笔打一个大叉叉。就意味着“正法”，执行死刑。这就是说，我同他们之间的矛盾是敌我矛盾，是对抗性的，他们想怎样处置就怎样处置。

四是监督劳改。先在学校监督劳改，主要是打扫学生宿舍厕所，有时搞基建。后来下放到武昌东昇公社监督劳改，不准说话，上厕所要报告，在这种生活没有丝毫自由的情况下，一看到鸟儿在天空自由飞翔，我脑子里马上就想道：如果我能像鸟儿那样自由，想飞到哪儿，就飞到哪儿，该多幸福呀！飞吧，自由的小鸟。人只有到了失去自由的时候，才能真正懂得自由的可贵。我默默地在脑子里背诵裴多菲的诗：“生命诚可贵，爱情价更高，若为自由故，二者皆可抛。”难怪有人说：不自由，毋宁死。在老乡家里吃饭也监督。据说是防止“黑帮”投毒。俗话说：事久见人心。时间一长，同老乡混熟了，尽管不说话，但是从表情上看，同刚来的时候就大不一样了，似乎有点一见如故的味道了。有一天吃午饭，老乡看到“造反派”没有来，悄悄地对我说：“我看你们不像是坏人，饭要吃饱。不吃饱，就没有力气干活。如果菜有鱼虾，就吃鱼虾，不要怕。”这是人间真情的流露，令我深为感动。

在那种生活没有丝毫自由的情况下，我始终口服心不服，但又不敢发泄。日有所思，夜有所梦。我在夜里我就说梦话了。当时我们都睡地铺。有天一早起来，睡在我两边的同志就问我：“沧南，你知不知道你昨天夜里说了些什么？”我说：“不知道。”他俩笑嘻嘻地说：“你说为什么对我实行专政，你到现在还不服罪（好像他俩已经服罪了，承认自己是人民的阶级敌人)。”他俩就把我说的梦话，报告给“造反派”，当然又免不了一顿批斗。因为怕说梦话，我就戴着几个大口罩睡觉，也不敢睡着，精神非常紧张。如果继续搞下去，我很可能会搞成精神病。

五是我被揪出来后，白天不是批斗，就是劳改，晚上则写材料，不仅要写自己的，而且还要写“造反派”指定的人的材料。写自己的好写，写别人的材料，我订了一个“三不”原则：不夸大；不上纲上线；不无中生有，知道什么就写什么，一定要实事求是。回首“文革”十年，令我感到聊以自慰的是：从未做过一件对不起党、对不起同志、对不起自己良心的事。

六是被揪出来后，最痛苦的不是批斗，也不是劳改时肉体上的折磨，而是政治上的孤立。大家都用一种异乎寻常的眼光看着我，好像在说：“沧南，你原来是个‘特务’呀！”我只好低着头走。在大会批小会斗的持续攻击下，我的意志开始动摇，几近绝望。含冤负屈地活着，又不准申辩，生不如死。我曾对妻子说：“我坚持不下去了，真的不想活了。”妻子听后，不知所措，只好去求“造反派”来帮助。他们来问我：“沧南，你想畏罪自杀吗？你死了，你的罪行并不会随着你的死就消失了。”这一问却点醒了我，我没干过对不起党和人民的事，我没有罪，清清白白，干干净净，为什么要自杀呢？我告诉自己必须咬紧牙关坚强地活下去。在以后的任何批斗会上，我虽不同他们争辩，但始终坚持自己的立场。我相信这是暂时的，一切都会过去，党组织一定会查明真相，还我清白。后来经过反复调查，确知我是下中农出身，六弟于 1941 年参加新四军，去解放区是组织安排的。1970 年武汉大学哲学系招收工农兵学员，我便出来教学了，并兼任武大哲学系第一届工农兵学员班班主任，并荣获五好战士称号。但是，一位工农兵学员在大会上说：“你们必须老老实实把教学搞好。帽子拿在我们手上，随时可以给你们戴上。”据我了解，这批学员学习勤奋刻苦。在教育界，现在有的已是教授、博导，都著书立说了。

七是军宣队工宣队（以下简称“两队”）进校领导“斗批改”。“斗”，就是斗党委正副书记、正副校长和各级领导，以及那些有真才实学的老教授。在“两队”看来，领导就是走资本主义的当权派，有真才实学的教授、讲师，就是“封资修”的代言人，必须批判、斗争、打倒、斗臭。武汉大学李达，湖南零陵人，中共党员，全国人民代表大会常务委员会委员，伟大的马克思主义哲学家，是马克思主义在中国传播的先驱者，是中国共产党创始人之一。1921 年 7 月，他代表上海共产主义小组参加中国共产党第一次全国代表大会，并被选为主管党的宣传工作。大革命失败后，李达在国民党统治区，始终坚定马克思主义立场，在暨南大学、中国大学、广西大学、湖南大学等院校，讲授马克思主义哲学、马克思主义货币学、马克思主义社会学，著书立说，大力宣传马克思主义。新中国成立后，立即要求重新入党，为宣传马克思主义、毛泽东思想作出了卓越贡献。“文化大革命”期间，李达老旗帜鲜明地反对林彪的“顶峰论”。他问道：“马克思主义还要不要发展？毛泽东思想还要不要发展？”李达说：“‘顶峰论’就是不发展论，就是停滞论，是反马克思主义的，是反毛泽东思想的。”有人告诉他：“这是林副统帅说的。”李达老说：“我只对事，不对人。”就是这样一位与毛泽东称兄道弟的老马克思主义者，也逃脱不了被列为“走资派”被批斗的命运。造反派一点人性也没有，李达老被整病了，他们也不放过，还要他去接受所谓的群众的批斗，李达因病不能去，造反派就把喇叭放在他的病床前，李达就是这样被迫害致死的。“批”，就是批判封建主义、资本主义、修正主义的思想，其代表人物就是那些爱学习、爱研究、爱发表意见、教学好的教师。“改”就是按照当时下达的方案，改革教学、改革教材、改革办学方向。“两队”的依靠对象，就是那些贪婪私利、虚伪卑鄙、不学无术、善搞阴谋诡计、一心一意想当领导，而又无才缺德不配当领导的个人主义的小人。“两队”的成员有少数同情“黑帮”，认为“黑帮”不是坏人。但是他们没有发言权，不能讲真话，最终一个一个调回工厂。有的想从学校里搞点木材、水泥、砖头回去盖房子，有的想从老师那里“借点钱”，……这就决定了“文化大革命”必然要被小人、坏人、野心家所利用，是陷害人民的一场灾难。

八是20世纪70年中期，《红旗》杂志发表一篇题为《从资产阶级民主派到走资派》的文章。我看后，曾在党的组织生活会议上说：这篇文章是棵大毒草。按照它的观点和逻辑，我国老一辈无产阶级革命家就没有一个能够逃脱“走资派”命运的。说了我对这篇文章的看法之后，我就把手中拿的《红旗》扔掉了（湘大党委曾派同志去武汉大学哲学系哲学教研室调查过）。当时，我虽然不知道“四人帮”反革命集团，但是我总觉得上面有人反对马列主义、毛泽东思想，不然怎么会刊发这样的文章呢？我的言论招致了工宣队的批斗，但是，他们又找不到反驳我的依据，只好搞大字报“沧南不下山，就把山头削平”，批判我有“资产阶级派性”。

九是在“文革”时期，批斗我的既有学生，也有老师。老师为了同我划清界限，比学生批斗更凶狠。他们在台上质问我：“你几次去解放区刺探军情？你同余志宏究竟是什么关系？必须老实交代。”本来我们之间的关系都很好，但在那个时候已经扭曲了。然而我心里丝毫也没有记恨他们，因为他们对我的批斗是受大环境影响和某些别有用心的人唆使造成的，现在我们之间的关系仍然一如既往的好。有一次我去某地开会，一个当年批斗我的学生见到我，似乎有点不好意思，我就主动地接近他，问问他的情况，并说：“‘文革’那些批斗是某些人煽动起来的，学生也是受害者，不要背这个包袱。”

“古今多少事，都付笑谈中。”回首往事时，心中已多了一份坦然，那些流淌在生命长河中的一幕幕场景，已沉淀心底。那些年轻时因贫困、挫折、冲劲、鲁莽所经受的历练，带给我的不仅仅是回忆，更是人生的成长与成熟。

我在武汉大学待了十八年。离开武大后，经常想到两个人，一个是杨栞芳，特别是在其夫段启咸去世以后。后来她与一位李老师重新组合家庭，而且日子过得很好，我也就放心了。另一个就是雍涛。我们共事多年，他是哲学教研室党支部书记，我是哲学教研室主任，既是同事，又是益友。我们相互理解，相互信任，十分谈得来。雍涛，广西桂林人，是一位“三好”同志，一是为人好，正派、耿直，关心同志比关心自己还重，党性强；二是教学好，讲课总是在理论和实践的结合上、深入浅出地把问题讲深讲透；三是科研好，特别是在毛泽东思想研究方面，他出版了多部专著，撰写了大量论文。

学研毛泽东思想不动摇

我是 1977 年来湘大任教的，距今已整整 40 年了。

湘潭大学创办于 1958 年，1959 年因故停办。我觉得，这个“故”，可以从两个方面来理解：从国内情况来看，如上所述，主要由于“大跃进”和“反右倾”的错误，加上三年自然灾害和苏联政府撕毁合同，我国国民经济在 1959 年到 1961 年发生严重困难。这是其一。其二，从国际关系来看，赫鲁晓夫上台后，中苏关系恶化。当时苏联政府，在中苏边境陈兵数十万，蠢蠢欲动。这就是暂时停办湘潭大学的“故”。1974 年，国务院批准恢复湘潭大学，并确定为文理工综合性大学。我来时，湘大刚刚开始筹划基建。确切的说，图书馆、教学楼修建在哪里，怎样修建，哪里为教学区，哪里为家属区，所有这一切，都还在当时领导的构想中。现在的东坡村、松涛村、北斗村、第二教学楼、第三教学楼、俱乐部、逸夫楼、化工学院、信息学院这些地方，当时都是连绵起伏的红色小山丘。我们把它叫作“红色高原”。“高原”上没有一棵树，但却有很多映山红和栀子花。春夏之际，到处都可看到红的杜鹃和白的栀子花。晚饭后，夕阳西下，师生都爱去爬小山丘，浓郁的栀子花香迎面扑来。爬山丘、闻花香，既可以恢复心身疲劳，又能够尽情地享受大自然赋予的美。

当时湘大，南苑有五栋三层楼房，东边两栋，西边三栋，学生一两百人。南阳村有两栋三层小楼。我把当时的湘大叫作“五没有”的大学，即没有图书馆、没有教室、没有教职员工宿舍、没有电灯、没有自来水。教职员工都住在周围农民家里，住的地方也很小，一家老小挤在一间房子里。近的两三里，远的五六里，自己挑水用，自己到市里买米煤油盐。买煤是件大事，需要全家出动，先把大铁车拖到火车站附近的煤场，买四五百斤散煤拖回来，然后再做成藕煤。男拖女推，来回二十余里。做一次煤，男人肩膀痛，女人腰痛，几天也恢复不过来。

那个时候，春夏之际有三怕：一怕疯狗。经常听到老乡们说疯狗又咬伤人了。老师们一听到疯狗咬人，就提心吊胆地害怕自己的小孩被疯狗咬伤。二怕蛇。在小山丘的草丛里或田间小路上经常看到蛇。晚上来学校开会的同志，总是一只手拿电筒，一只手拿棍子，以防万一。有时蛇也往家里跑。一年夏天，我从菜场买菜回来，就看见书桌上有一条小蛇，大约尺把长。子校高中数学老师李舫冰在家里的浴室也发现一条小蛇。三怕蚊子。这里蚊子又多又大。蚊子叮到哪里，就痒到哪里。一痒就抓，抓破皮很容易发炎。老师们晚上备课，就把两条腿放在盛半桶水的水桶里，防止蚊子叮咬。

那个时候，交通极不方便，进来、出去都靠六路公交车。而六路车的终点站，最初设在砂子岭，后来才迁移到羊牯塘。直到1980年，才将六路车终点站迁移到湘大校门口。并且规定上午三趟，下午三趟，雨天不开进来，只开到羊牯塘。等一次车，要等个把小时。我们有事要去市里，一般都是走小路去。

总之，湘大在复校、筹划基建期间，生活确实比较艰苦。这种艰苦的生活，一过就是几年。但是，没有一个同志说怪话的，没有一个同志要求调走的。我们无怨无悔，朝气蓬勃，精神饱满，积极向上，尽心尽力把各项工作做好。

当时，全校教师来自全国各地，虽然我们的专业不同，经历不同，爱好不同，生活习惯不同，但在办好湘大这个问题上却有许多共同的认识。我把它概括如下：

一是自豪意识。我们来到湘大都有这样一点认识：湘潭大学办在毛泽东的家乡，是经过他老人家的同意才创办的，湘潭大学四个苍劲有力的大字，是他老人家亲自书写的，并嘱咐一定要把湘潭大学办好。所以当时我们都觉得：湘潭大学，实际上就是毛泽东大学，只是没有写毛泽东三个字罢了。我们就是怀着对毛泽东老人家深深敬爱、仰慕的心情来湘大的，并为此而自豪。这种自豪意识，使我们有毅力、有勇气克服各种困难，激发我们发奋图强，勇往直前。当时，我们都意识到，湘大的形象要靠我们来树立。湘大在社会上的正面影响要靠我们一点一滴来积累。所以我们都自觉地做到：有损湘大声誉的事绝对不做，不利团结的话绝对不说。

二是责任意识。创办湘潭大学是湖南父老乡亲和毛泽东的心愿。不把湘潭大学办好，不培育出德智体全面发展的、高素质的社会主义建设人才，我们就辜负了湖南人民和毛泽东的期望。因此，在湘大学习和工作的每一位同志都感到责任重大，有压力。正是这种责任意识，迫使学生必须发扬焚膏继晷、废寝忘食的精神，勤奋学习。他们好学，晨夕不休。清晨，书声琅琅，不是读英语，就是背诗词。夜晚挑灯，刻苦攻读。正是有这种责任意识，教师精心备课，力求从理论和实际的结合上把问题讲深讲透。正是有这种责任意识，行政管理人员兢兢业业、勤勤恳恳、任劳任怨，把各项工作办好，做到位。虽然当时他们都住在农家，但是没有一个迟到的，没有一个早退的。

三是艰苦奋斗意识。我在前面说过，那个时候的湘大，是“五没有”的大学，省里给的经费很有限。这就要求湘大党政领导，必须率领全校师生员工继续地保持艰苦奋斗的作风，一要俭，二要勤，不怕苦，不怕累，精打细算，勤俭办校，勤俭办系。当时全校师生员工每周都要参加一两次基建劳动。现在校长办公楼附近的参天大樟树，就是那个时候我们带领同学们栽植的。我们这一代人是看着湘大一栋楼一栋楼建立起来的，并且亲身参加过基建劳动，所以对湘大的一砖一瓦、一草一木都倍感亲切。当时我们就这样想，为了实现毛泽东的一定要把湘潭大学办好的嘱咐，吃点苦，受点累，流点汗，值得。

总之，全校师生员工在校党委的领导下，下定决心，要用教学上质量、科研上水平、行政管理工作上档次来树立湘大的形象，赢得湘大的社会荣誉，扩大湘大的正面影响，这就是湘大复校时期赋予我们这一代人的历史使命。

在我看来，自豪意识、责任意识和艰苦奋斗意识，是由那个时候湘大的实际情况决定的，是从那种实际情况中概括出来的。这三种意识相互制约、相互促进、有机结合，就是今天大家经常所说的湘大精神。湘大精神是无产阶级世界观、井冈山精神、延安精神、西北坡精神在湘潭大学这块热土上的具体体现。

湘大精神体现在校风上，就是爱校。热爱湘大，要为湘大的发展添砖加瓦，贡献自己的力量。当时，我们就把自己的前途同湘大的发展紧紧地捆绑在一起，只要湘大发展了，就有自己的前途。湘大越发展，自己的前途就越光明、越远大。

湘大精神体现在学风上，就是理论联系实际。教师联系实际教学，学生联系实际学习。只有这样，才能把原理讲深讲透，才能深刻领会马克思主义的精神实质。

在这里，我想谈谈关于“教”的问题。韩愈认为教师第一位的、首要的职责是“传道”，其次，才是“受业、解惑”。所谓“传道”，说得具体些，就是教导学生怎样做人，做什么样的人。“传道”是一个历史范畴，在不同的历史时代具有不同的内容和要求。在今天，我们讲“传道”，就是讲传信仰马克思列宁主义、毛泽东思想、中国特色社会主义理论体系之道，讲传信任党和政府之道，讲传热爱社会主义祖国之道，讲传为人民服务之道，讲传严于修身、严于律己、清清白白做人、干干净净做事之道，讲传敢于改革、敢谋大事、敢于担当之道。没有这种高尚的品格，就不可能为党、为国家、为建设中国特色社会主义事业、为人民福祉奋不顾身地去拼搏、去战斗、去牺牲。但是，这种高尚品质不是与生俱来的，而是在党的教育下，在长期的实践中不断续地改造个人主义世界观、树立马克思主义世界观的过程中逐渐形成的。这是其一。

其二，给本科生特别是给研究生授课，我主张把民主纳入教学体系，实行民主化教学。在知识、学术面前，只存在先知和后知、知多和知少、知快和知慢、知精深和知粗浅、知这个和知那个的问题，不存在绝对的权威。在知识、学术面前，没有贵贱之分，没有老少之分，没有师生之分，没有上下级之分，没有领导与被领导之分，人人平等，谁的观点对就听谁的。这就是实行教学民主化。在教学过程中，我总是鼓励大学生特别是研究生对教师的学术观点、见解提出不同的看法，主张师生争鸣。真理是辩论出来的。没有在马克思主义指导下的辩论，就没有真理。这样，就把教和学、教学相长结合起来了。我教大学生和研究生，大学生和研究生也教我。我教他们基本原理和怎样运用这些原理来分析自己的思想与客观存在的实际问题。而他们人多，看的书又各不相同，从各个视角提出很多问题。这些问题不是用几句话就能讲清楚的。这就迫使我去看书，去思考，真正做到了教学相长。

在我看来，教学不仅要实行民主化教学，而且要实行科研化教学。讲课不是道士念经，照本宣科。讲课，第一要讲教科书上没有写的新知识和新观念，但又不能离开教科书的基本原理去讲新知识和新观念。如果那样去讲，就不是讲课，而是作学术报告了。第二要讲别人没有讲过的新思想和新见解。总之，在教学上，要强调一个新字，要讲出新的观点，新的见解，新的论述，新的视角。这就是说，教师要讲自己学习教科书的体会和自己的研究心得，这样“教”，学才有所获。教师要把课讲好，提高教学质量，必须进行科学研究工作。教学和科研是相辅相成、相互作用、缺一不可的。但是教师搞科研的目的，主要是为提高教学质量服务的。

当时师生关系非常亲近，老师对学生要求很严格，对学习也抓得很紧，布置的参考书必须阅读，而且要学生写读书笔记。那个时候，我家还没有搬来，就睡在学生宿舍里。一天午饭后，我躺在床上午休，听到77级哲学班班长应国彬在楼下叫同学们。我起来一看，只见同学都往六路车站方向走，有的还小跑。我连忙下楼去追同学们，一看到班长就问：

“你们到哪里去？”

“今天下午没有课，我们去湘潭市看电影。”班长回答说。

“为什么不对我说？”我问道。

“怕你不同意。”班长说。

“下午没有课，也不能去看电影。学习时间只能用来学习，不能干别的事。”我说。

“我们的票都买了。”班长说。

“派一位同学去退票。”

“退不掉，怎么办呢？”班长问道。

“票退不掉，全部票钱我来给。”我说。

同学们都回来了，但是有些不高兴。很快又都自觉地认识到：用学习时间去看电影是不对的。

湘大精神体现在工作作风上，就是从湘潭大学这个实际出发来办理一切工作。湘大的各项工作拖不得，但又急不得，只能根据湘大的财力、人力，分清轻重缓急，一个一个去解决。湘大党政领导严格遵循一切从实际出发和勤俭办校的原则，不买小轿车，不先修建办公楼，在省委和省政府领导下，经过十多年的艰苦奋斗，就把第一教学楼、第二教学楼、第三教学楼、图书馆、师生员工宿舍建立起来了，为今天湘大的发展奠定了牢固的基础。

湘大精神体现在人与人的关系上，可以用一个词来概括，就是“三亲”，即同志亲、师生亲、领导和群众亲，互相照顾，互相关怀。当时的校党委书记张勇经常这家走走，那家转转，对同志们的生活、工作十分关心。我们生活在这样一个“三亲”集体中，就像生活在一个温馨的家庭里一样温暖，一样欢乐，一样幸福。全校师生员工互相关怀、安定团结，是湘大前进发展的根本保证。而校领导班子在马克思主义基础上的团结，则是全校师生员工团结的生命线。湘大的发展历史证明：什么时候校领导班子互相信任、互相支持、互相谅解、团结一致、齐心协力地做好工作，什么时候湘大的吸引力、凝聚力和战斗力就强，湘大就蓬勃发展。反之，教职员工就精神涣散，人心思走。

湘大精神是湘潭大学宝贵的精神财富，是湘大人的精神支柱。它凝聚着解放思想、敢于改革、敢于担当、敢谋大事、敢干大事、实事求是、教书育人的精神。它饱含着我为湘大、甘为人梯、助人为乐的奉献意识。湘大精神鼓励着湘大人敢于探索、开拓创新、辛勤工作、奋发向上。正是因为有了这种精神，才有了湘大今天丰硕的科研成果，才培育出一批又一批学能致用的高素质的人才。有了这种精神支柱，湘大就充满生机

从左到右：后排李高真、刘国华、颜佳华、彭国甫，前排沧南、汤瑞仁（毛家饭店总经理）等

和活力，什么样的困难都能克服，什么样的苦都能忍受。湘大精神将永远鼓舞着湘大人不畏艰险、乘风破浪，一步一个脚印地向着全国一流大学迈进，并在结合新的实践经验的基础上发扬光大，代代相传。

可是，到了湘大“五没有”建成“五都有”，有了硕士、博士授予权，校园建设越来越美好的时候，有些教授就提出要当副校长，要当处长。当不上，就走人。我想不通：难道教师就一定要当官吗？难道我们真的只能共贫困、共患难，不能共富裕、共昌盛吗？

1978 年，教育部下达通知：重点大学可以根据自身条件招考硕士研究生。湘大是全国重点大学，我向党委提了两条建议：一是哲学专业招考毛泽东哲学思想硕士研究生；二是建立毛泽东哲学思想教研室。党委同意了我的建议。学校于 1979 年开始招考研究生，1981 年成立哲学系，任命我为哲学系主任，兼任毛泽东哲学思想教研室主任。许德志同志任系党总支书记。老许原为部队团政委，转业来湘大从事党政工作。他善于做思想政治工作，人缘好，能团结全系教职员工，又会干实事，后调总务处任处长。陈宗瑜、程明华两位同志任副系主任。陈主管教学，程主管科研。他俩工作勤勤恳恳、兢兢业业、任劳任怨，口碑非常好。我们四人互相信任、互相支持，大事共同协商办理，小事自行处理，然后通气。我们合作非常之好，共事数年，从未拌过嘴、红过脸。

1978 年，中国人民大学、北京大学、南开大学、武汉大学、中山大学、四川大学等院校纷纷建立毛泽东思想研究室或毛泽东哲学思想教研室。可是，1979年至80年代初，全国掀起了一股评毛泽东思想的浪潮，从北京市各报刊到各省市和高等院校的报刊都在评，仅“哲学思想”就提出了159个评说。它们评的不是毛泽东的个人思想，而是党的集体智慧的结晶——毛泽东思想。所谓“评”，说得本质些，就是否定，而且是全盘否定。在评说毛泽东思想的浪潮中，北京、天津、南京、武汉、广州、成都等地著名高校相继又将毛泽东思想研究室或毛泽东哲学思想教研室撤销了。但是，这些言行丝毫也没有动摇我们对毛泽东思想的信仰。在校党委的领导下，我们在课堂上、会议上，依然理直气壮地宣讲毛泽东思想，结合批驳否定毛泽东思想的种种谬论，并且大胆大气、无所畏惧地阐述当时异常敏感的阶级斗争问题。我们认为，把一切议论、争鸣和提出的观点，都看成是阶级斗争和阶级斗争的新动向，是错误的。反之，认为一切议论、争鸣和提出的观点，都不是阶级斗争，阶级斗争风一吹，阶级斗争熄灭了，同样也是错误的。这些议论、争鸣和观点是不是阶级斗争的反映，不管是谁说的，都必须进行具体分析，是阶级斗争，就大胆地承认；不是阶级斗争，就大胆地说不是。比如，李锐说：毛泽东“罪恶滔天”。这种对毛泽东充满阶级仇恨的口诛笔伐，就是阶级斗争。国内就有那么一些人，站在李锐的立场上，用李锐的眼睛来看毛泽东思想，这也错了，那也错了，无论怎样看都是错的。所以这帮人肆无忌惮地声讨毛泽东，“树欲静而风不止”，这就

从左至右：前排张识琴、郭景萍，后排吴克昌、沧南、张晓、廖小平

是阶级斗争，是阶级斗争在意识形态领域的强烈反映。在评说毛泽东的浪潮中，任凭风吹浪打，湘潭大学毛泽东哲学思想教研室的牌匾屹然挂在墙上，毛泽东哲学思想专业研究生照旧持续招考，毛泽东哲学思想依然是湘大哲学系的一门必修课。这完全是由于湘大党政领导忠于初心、高度重视和全体湘大人全力支持的结果。

我为什么想研究毛泽东思想呢？一是湘潭大学办在毛泽东的家乡。我觉得，学习、研究、弘扬毛泽东思想和毛泽东的精神风范、人格魅力，是每一个湘大人不可推卸的责任。而这也正是我自愿来湘大的最初的心愿。二是粉碎“四人帮”后，我国学术界对毛泽东思想提出了许多质疑。比如，毛泽东说“马克思主义是‘放之四海而皆准’的理论”，也遭到了批判，说什么“用‘放之四海而皆准’来修饰真理，是不妥的。用它来形容马克思主义学说，本身就违背了马克思主义真理观，违背了辩证法的基本原理”。

作者近照

有人说“毛泽东，从来不是马克思主义者”，还造谣说《实践论》和《矛盾论》“是抄袭之作”。现在李锐还在咒骂毛泽东“罪恶滔天”。“罪恶滔天”是首要的，第一位的，是“失败的建设者”。诸如此类的质疑和咒骂不断涌现，大有“黑云压城城欲摧”之势。这些质疑和咒骂的本质是全盘否定毛泽东思想。我是在马克思列宁主义、毛泽东思想的教育下成长起来的，信仰马克思列宁主义、毛泽东思想，矢志不渝。但是，在当时我自己并不很清楚怎样维护毛泽东思想，怎样批驳各种谬论，怎样从理论结合实际的基础上深入浅出地阐明毛泽东思想的真理性。这样我便萌生了学习、研究毛泽东思想的愿望。

通过学习，特别是通过对十一届六中全会决议的学习，我在思想上逐步认识到，学习、研究毛泽东思想应该注意以下几点：

一要把毛泽东思想和毛泽东个人的思想区别开来。前者是以毛泽东为主要代表的中国共产党人革命实践经验的科学总结，是经过实践检验、得到全党一致认可的科学理论体系。我国许多卓越的领导人对毛泽东思想的形成和发展都作出了重要贡献，是我们党的宝贵的精神财富，将长期指导我们的行动。后者则是毛泽东个人的思想，有正确的（这是主要的，第一位的），也有不正确的（这是次要的，第二位的）。

二要把毛泽东思想同毛泽东晚年的错误区别开来。毛泽东晚年的错误，不是来自毛泽东思想，不是因为坚持了毛泽东思想而产生的。恰恰相反，正是因为毛泽东没有坚持毛泽东思想，背离了他自己一贯倡导的实事求是、群众路线和调查研究而产生的。

三要正确地认识毛泽东晚年的错误是一个伟大的马克思主义者所犯的错误。就毛泽东的一生来看，他对中国革命的功绩远远大于他的过失。他为中国共产党和中国人民解放军的创立和发展，为中国各族人民解放事业的胜利，为中华人民共和国的缔造，为社会主义的建设和“两弹”事业的发展，建立了永远不可磨灭的功勋。毛泽东的功绩是主要的，是第一位的，错误是次要的，是第二位的。就是在“文化大革命”中，毛泽东也制止和纠正了一些具体错误，保护过党政领导干部和党外著名人士。他领导粉碎了林彪反革命集团，对江青等人进行过重要的揭发，不让他们篡党夺权的野心得逞。毛泽东是一位伟大的马克思主义者。他的错误是一位伟大的马克思主义者所犯的错误。中国各族人民始终把毛泽东看作自己敬爱的伟大领袖和导师。

四要把学习毛泽东思想同学习马克思列宁主义结合起来，这样，我们就能更清楚地看到：马克思列宁主义是毛泽东思想的理论源泉，毛泽东思想则是马克思列宁主义在中国的发展，是中国化的马克思列宁主义。马克思列宁主义、毛泽东思想是一脉相承的统一的科学体系。

同时，要把学习毛泽东思想同学习我国老一辈无产阶级革命家的著作结合起来。这样，我们就能更清楚地看到：毛泽东思想不是毛泽东个人思想的创造，而是在党和人民的集体奋斗中形成的，是中国共产党集体智慧的结晶。但是，这丝毫也没有贬低毛泽东个人的巨大作用。毛泽东思想的形成和发展，是同毛泽东个人的非凡的才能、智慧、阅历、革命胆略分不开的。用邓小平的话来说："毛泽东思想不是毛泽东同志一个人的创造，包括老一辈革命家都参与了毛泽东思想的建立和发展。主要是毛泽东同志的思想。"① 因此，将这一光辉思想，命名为"毛泽东思想"，是合情合理、完全公正的。

把学习毛泽东思想同中国的具体实际结合起来，理论联系实际，一切从实际出发，实事求是，这是毛泽东思想的灵魂、精髓、根本问题。我们高举马列主义、毛泽东思想以及中国特色社会主义理论体系的伟大红旗，就是意味着，不论在什么时候、什么情况下，处理各种方针政策问题时，都必须坚持从实

① 《邓小平文选》第 2 卷，人民出版社 1986 年版，第 345 页。

际出发，实事求是。我们只有这样做了，才能引导各项方针政策走上正确轨道，才有可能正确地或者比较正确地解决问题，才有可能转危为安，化险为夷。

我们对待毛泽东的态度，应该是实事求是的态度。不能因为毛泽东有功绩而讳言他的缺点和错误，也不能因为毛泽东有缺点和错误而全盘否定他的功绩。该肯定的就大胆地肯定，该否定的就大胆地否定，这才是实事求是的态度。我们应该用这种态度来看待毛泽东，来看待所有的人。

40 年来，我主要学习、研究毛泽东哲学思想、方法论和马克思主义中国化等问题，在关于矛盾双方统一和斗争的问题、关于实践是检验真理标准的问题、关于群众路线的问题、关于建立毛泽东方法学的问题等方面逐步形成了自己的一些看法。

比如关于矛盾双方统一和斗争的问题，几十年来，我国学术界在讲这个问题时，无一不是把统一和斗争的关系概括为相对和绝对的关系，统一、统一性是有条件的，相对的，斗争、斗争性是无条件的，绝对的。过去是这样讲，现在还是这样讲。经过反复学习和思考，我认为，在统一和斗争、统一性和斗争性之间不可能存在相对和绝对、有条件和无条件的关系。就矛盾的根本性质来说，统一性和斗争性都是矛盾的根本属性，都是常在的，贯彻始终的，缺少其中任何一种属性，都不可能构成矛盾。这就是说，斗争性和统一性都是无条件的，是绝对的。这是其一。

其二，斗争和统一不能割裂开来独立存在。马克思主义哲学认为，斗争是统一中的斗争，统一是斗争中的统一，有斗争就有统一，有统一就有斗争。在客观现实中，根本不存在离开统一的斗争。同样，也根本不存在离开斗争的统一。因此，在理论上作不出斗争和斗争性是绝对的、统一和统一性是相对的的结论。

其三，从客观存在的具体矛盾来看，斗争和统一都是有条件的、暂时的，因而都是相对的。新中国成立以来，我们经历了各种各样的斗争，哪一次斗争不是有条件的、暂时的？哪一次斗争不是相对的而是绝对的？我认为，统一和斗争的关系是目的和手段的关系。斗争不是目的，是手段，是为统一服务的。统一是目的。当统一阻碍、破坏事物发展时，斗争的任务就是消除旧的统一，建立适合事物发展的新的统一。当新的统一建立时，斗争的任务就是维护、巩固、发展新的统一。斗争有一条底线，就是必须符合统一的需要，必须有利于维护、巩固、发展矛盾统一体。过了这条底线，哪怕过了一点点，斗争就要起负作用，就要破坏统一，破坏团结，就不利于社会主义事业的发展。①

比如，关于实践是检验真理的标准这个命题，我认为，它有两个方面的意义，其一是说，检验真理的途径。途径就是实践。实践是检验真理唯一的、独一无二的途径。其二是说，检验真理的标准。标准就是认识、理论所反映的客观事物的本质及其发展规律。反映了客观事物的本质及其发展规律就是真

---

① 《沧南自选集》，湘潭大学出版社 2016 年版，第 204–223 页。

理，不然就不是真理。

再如关于毛泽东方法学问题。毛泽东非常善于将马克思主义的普遍真理转化为思想方法和工作方法，提出了一整套崭新的、行之有效的思想方法和工作方法，这对我们今后的工作更具有普遍的指导意义。这是对马克思主义的又一重大发展。早在 1983 年，湘大毛泽东哲学思想教研室就确定了毛泽东方法学这一课题。创建毛泽东方法学的根本目的，就是为了全面系统地学习、运用唯物辩证法，以便端正我们的思想，更好地认识世界、改变世界，更好地抵制、克服形而上学。2004 年 10 月，经教育部批准成立了湘潭大学毛泽东思想研究中心，中心将毛泽东思想研究定位在马克思主义中国化方面，而毛泽东制定的一整套具有中国特色的思想方法和工作方法的科学理论，正是马克思主义中国化的一大创举。因此，中心领导提出编写《毛泽东方法学》，并确定由我任主编，全书由我统稿定稿。这本书于 2005 年由湖南人民出版社出版、发行后，学术界反映较好。2010 年 2 月 14 日，中央文献研究室原副主任李捷，在人民网发表的一篇题为《关于毛泽东思想研究的若干思考》的文章中指出："毛泽东方法论研究。这是一个基础性的老课题。……在这方面，最近出版的由沧南老师主编的《毛泽东方法学》，是一个重要的研究成果。我们要在此基础上再前进一步，再深化一步。"①

① 《毛泽东方法学》，湖南人民出版社 2005 年版。

再比如，关于群众路线的问题，我国学术界一讲群众路线，不是从认识论的角度来讲，就是从方法论的角度来讲，这样讲是必要的。但是，这是群众路线的作用、功能问题。群众路线为什么具有这样的作用呢？当然是由群众路线的本质决定的。那么，什么是群众路线的本质呢？群众路线的内在矛盾和根本目的又是什么呢？这些问题，我国学术界似乎还没有探讨过。

我认为群众路线的本质是民生。说得具体些，就是关心并解决好人民的生产、工作、住房、看病、养老、孩子上学等问题，使人民既安居又乐业。这就是群众路线的本质的根本体现。不解决好群众的民生问题，就没有群众路线。

乍一看来，群众路线的内在矛盾似乎是领导和群众、上级和下级之间的矛盾，其实不然。群众路线的内在矛盾是政府和人民之间的“给”和“要”的矛盾。“给”是矛盾的主要方面，只有在做好“给”的工作，并确实生了成效之后，向人民“要”东西的工作就好做了。“给”和“要”都是具体的，在不同的历史条件下，具有不同的内容。

群众路线的目的也是具体的，在不同的历史条件下，具有不同的目的。在抗日战争时期，走群众路线的目的，就是团结一切可以团结的力量，有钱出钱，有力出力，形成一种新的合力，打败日本帝国主义，夺取抗日战争的最后胜利。在今天，走群众路线的根本目的，就是充分调动全国各族人民和各行各业的积极性、主动性和创造性，大力发展社会生产力，消除两极分化，实现全体人民的共同富裕。[①]

在湘潭大学党委的领导和支持下，我得以在湘大坚定并践行了学研毛泽东思想的理想信念。虽不能说取得了多大的成就，但对毛泽东思想是真理有了一定的认识，形成了一些新的理解，对维护毛泽东思想尽了自己责任。我认为，当代不仅要学习毛泽东思想，关键是要付诸实践，在工作作风、生活作风、学习作风中实践毛泽东思想。我 1995 年离休，但对于毛泽东思想的研究、对于社会主义建设问题的研究没有中断。庄子曰："吾生也有涯，而知也无涯，以有涯随无涯。"学无止境，我虽已值耄耋，却也不敢停下思考的脚步。我将遵循屈原的教导："路漫漫其修远兮，吾将上下而求索。"

① 《沧南自选集》，湘潭大学出版社 2016 年版，第 368–377 页。

离而不休

1995年6月，我在哲学系离休了。时年71岁。

现在许多人认为，离退休是第二个人生，或是修身养性，期登颐龄；或是当候鸟，冬来去海南，夏来登长白，游山逛水，如此而已；或是去挣钱，为儿孙攒遗产。但是，对共产党员来说，人生仅仅只有一个，那就是“不惜牺牲个人的一切，为实现共产主义奋斗终身。”“终身”，就是一生，一辈子，就是从加入中国共产党那一天起，直到死亡的整个过程。这就是说，中国共产党员离退休后，也要为建设中国特色社会主义发挥余热，作出贡献。这就是中国共产党员的人生。

6月的一天，我拿着哲学系党组织开的组织关系介绍信去离退休处报到，一位负责的同志说，你去老干一支部过组织生活。当时老干一支部书记是由湘大关工委主任尹钟灵同志兼任。老尹是位部队转业干部。在部队，他是团政委，曾参加西南自卫反击战。转业来湘大后，先任物理系总支书记，后任湘大关工委主任。在他的领导下，关工委工作搞得有声有色，有始有终。我与他是邻居，同住东坡九栋第三单元，经常接触，

2007年9月与化工学院制药专业党支部座谈党员修养问题

关系较近。老尹为人正派、公正，党性强，有事业心、责任心。他说：

“沧南同志，现在你离休了，是否愿意来关工委工作呢？”

“愿意。”我没有丝毫犹豫，痛痛快快答应了。我问：“你看我能搞什么工作呢？”

“你是老师，教书的，就给学生上党课。湘大党校和很多院系都要求关工委派人去上党课。”他说。

我说：“好，一定把党课讲好。为办好湘大发挥余热，作出贡献。”在哲学系离休不讲课了，有点失落感。现在我又恢复了往日教师的成就感，心里甜丝丝的。

在关工委一干就是十多年。我在外语学院、公共管理学院、化工学院、法学院、信息工程学院都讲过党课。但是讲得最多的还是湘大党校，听课对象是全校学生中要求入党的积极分子。每次听课的都是几百人，报告厅坐得满满的。怎样讲呢？怎样才能做到“以其昭昭，使人昭昭”呢？这个问题，我想了很久，最后决定把自己摆进去，我也是学生出身，要求入党时的一些思想活动具有一定的代表性。当时我是怎样想的，就怎样讲。我给学生讲党课，主要讲三个问题。

首先，为什么要入党？

这是一个入党动机、态度的问题，是一个非常重要的问题。这个问题不彻底解决好，即使入了党，也只是组织上入了党，思想上并没有入党。现在有些高官落马一个很重要的原因，就是入党动机不纯，入党后，又不能自觉地学习，认真改造自己的非无产阶级思想，这就注定要被党所抛弃。我要求入党时，组织上问我：“沧南，你为什么要求入党呢？”概括地说，我要求入党不外乎三个原因：

(1) 现在，我是研究生，毕业后很可能去搞教学工作。一个教马克思主义的教师，不是共产党员，讲马克思主义就感到底气不足，不能理直气壮地去宣讲，为了把马克思主义这门课讲好，我要求入党。

(2) 毕业后，即使当不了教师，去搞别的工作，如果我是党员，又是研究生毕业，工作也好安排些。

(3) 我是 1948 年入团的，后来又去冀中解放区学习一段时间，搞到现在还是个团员。有时同志们问我：“沧南，入党了吗？”我都不好意思回答。

同我谈话那位同志说：沧南，你要求入党是好的，但是，你的入党动机不纯，是错误的。你是为了讲好课、分配一个好的工作单位、面子好看而入党，不是为了党的事业建设社会主义、最终实现共产主义而入党。说到底，你是为了满足个人主义的要求，才提出加入中国共产党的。希望你今后好好学习，自觉地改造思想。

从 1948 年 5 月入团到 1956 年 6 月入党，在这 8 年期间，我通过华北大学的学习、抗美援朝、“三反”（反贪污、反浪费、反官僚主义）、“五反”（反行贿、反偷税漏税、反盗骗国家财产、反偷工减料、反盗窃国家经济情报）、三大社会主义改造（对农业、手工业和资本主义工商业的社会主义改造）、批判胡适的实用主义等运动，结合自己的思想实际，认真地学、认真地批、认真地改，最终把愿望变成了现实。当然，这并不是说，只有等到把个人主义彻头彻尾地改造好了，集体主义完完全全地树立起来后，才能申请入党。我觉得，只要在思想上真正深刻认识到个人主义是万恶之源，对党的事业破坏性极大，一定要改，并且在自己的言行中确有突出的表现，不是一时的，而是长期的、一贯的，有了这样的认识和实践，就可以申请入党了。

其次，为党和人民服务，必须全心全意，不能半心半意、三心二意。

这就是说，共产党员必须把党和人民的利益看成高于一切。不论在什么时候、在什么情况下，当困难和危险出现的时

2004年沧南与同学谈话

刻，共产党员都敢于挺身而出，勇于斗争，不怕牺牲。共产党员尤其是党的各级领导必须把人民的食衣住行、生产、工作、看病、孩子上学等民生问题，看成是头等大事，一定要及时抓、狠狠抓、一抓到底，直到问题彻底解决、人民满意为止。这样说来，共产党员是否还有个人利益呢？当然有。共产党员是人，不是神。他同所有的人一样，要赡养父母，养育子女，这就不能没有个人利益。我认为，中共党员的个人利益有两大特点：

(1) 党员的个人利益讲的是“法律和政策规定范围内的个人利益和工作职权”。除此以外，“所有共产党员都不得谋求任何私利和特权”。

(2) 当党员的个人利益同党和人民的利益发生矛盾时，中共党员要无条件地放弃个人利益，服从党和人民的利益。比如，我学的是政治经济学，1952年研究生毕业时，组织上却把我分配到哲学教研室去教哲学。俗话说，隔行如隔山。去吧，一切又得从头学起，很不想去。不去吧，就是不服从组织分配。在那个年代，不服从组织分配，可是一个很大的问题，是思想觉悟不高的具体表现。一旦戴上这顶大帽子，几年检讨也很难脱下这顶帽子。思来想去，最后还是服从组织分配去了哲学教研室。现在回头看，这条路走对了。我学了这两门科学，特别是学了辩证的、历史的、实践的唯物主义哲学，深深地感到受益终身。

最后，改造思想。

改造思想，现在不大讲了，好像是已经过时了。有些人认为：改造思想是对人的不尊重，是对人格的侮辱。2002 年出版的《现代汉语词典》增补本，在“改造”一词中写道：“从根本上改变旧的、建立新的，使适应新的形势和需要：改造思想/劳动能改造世界。”这样讲是完全正确的。可是，2005 年的第 5 版和 2012 年的第 6 版《现代汉语词典》，都将“改造思想”四个字删除掉了，只讲“劳动能改造世界”。试问：今后还要不要改造思想呢？能不能改造思想呢？我的回答是：人的思想需要改造，也能改造。其实，人的思想总是在被改造着，总是处在被改造中。周永康、徐才厚、郭伯雄这些大老虎，不就是被资产阶级思想及其生活方式改造的结果吗？在建设中国特色社会主义新的历史时期，是要从根本上改变旧的、建立新的。为了适应新的形势和需要，人人需要改造思想。毛泽东说：“在建设社会主义的过程中，人人需要改造，剥削者要改造，劳动者也要改造，谁说工人阶级不要改造？当然，剥削者的改造和劳动者的改造是两种不同性质的改造，不能混为一谈。”[1] 邓小平也说：“在我们的社会主义社会里，人人都要改造。不仅那些基本立场没有转变过来的人要改造，而且所有的人都应该学习，都应该不断改造，研究新问题，接受新事物，自觉地抵制资产阶级思想的侵袭。”[2] 不改造旧的思想意识，不用马克思主义占领自己的头脑，旧的思想是不会自行消失的。它在头脑里就会起作用，迟早就要犯这样或那样的错误。

60 年来的党内生活，使我深深地体会到要做好思想改造工作，首先，必须从思想上解决好在建设社会主义时期思想改造的必要性和必然性这个问题。这个问题彻底解决了，在思想上就会出现一个飞跃：从不自觉转化为自觉，从被动转化为主动。其次，要认识到思想改造的长期性和反复性。思想改造，犹如逆水行舟，不进则退。停不得啊，必须长期坚持，倒退是没有出路的。

那么，怎样进行思想改造呢？现在回忆起来，我在改造思想方面大致是这样讲的：

一是要不怕丑，敢于在组织生活会议上暴露自己的错误思想。

我认为，我们知识分子的世界观，基本上是个人主义的。不论是思考什么问题，做什么事情，首先想到的是对自己是否有利。尽管我受了几十年党的教育，但是，个人主义并没有根

---

① 《毛泽东文集》第 7 卷，人民出版社 1999 年版，第 223 页。

② 《邓小平文选》第 2 卷，人民出版社 1983 年版，第 93–94 页。

除，有时它还会起作用。比如，2001年，我的妻子患乳腺癌，后转化为骨癌，湘潭市中心医院大夫说：病人生命只能维持几个月，要我将妻子转回湘大医院。在湘大医院，我请了一位护工，又将女儿叫回来护理。女儿值夜班，因为是冬天，照顾了一段时间自己也病了。她说："爸爸，我病了，又烧又咳，很可能是感冒。你去医生那儿给我开点药。"我找了医生，开了处方，买了药，把药给女儿。她说："你是离休干部，医药费实报实销。你去财务处报销吧。"听了女儿的话后，我脑子里想：报就报吧。但是，我马上又意识到：这药是女儿吃，不是我吃，若去财务处报销，就是一种用谎言欺骗组织的行为，这是个品质问题，报不得，绝不能报。我越想越不好受，最后决定在党支部大会上作一次自我批评。自我批评，就是自己批评自己的错误。

二是要经得起批评。

批评是听别人批评自己的错误。听别人对自己错误的分析、批评，的确很不好受。分析、批评越深刻，就越不好受。20世纪50年代初，思想改造抓得很紧，学习一个文件，听一个报告，看一场电影，团支部都要过组织生活，每人都要谈当时的感想。记得1951年看苏联影片《普通一兵》，情节大致是这样的：苏联红军在反击希特勒匪徒时，遭遇到了敌军一个暗堡，火力凶猛，大部队冲不上去。这时一个红军战士马特洛索夫挺身而出，用自己的身体将暗堡堵住，大部队迅速冲上去，取得了战斗的胜利。当时我不自觉地产生了一个闪电似的念头：马特洛索夫为什么不去找一块大石将暗堡堵住呢？过组织生活时，大家都说，看了这部影片思想上受了很大教育，干革命就要像红军战士马特洛索夫那样不怕牺牲。而我却说要找一块石头，既堵住了暗堡，又保存了生命。我说后，大家就分析我为什么会出现这种想法，说到底，就是个人主义，就是怕死。当时听起来很刺耳，我很不舒服，也很不服气，但是又不敢讲，只好硬着头皮听着。事后认真地想想，觉得同志们的分析、批评完全是对的。批评和自我批评，不能就事论事，要有分析，分析错误的性质，分析错误的危害，分析错误的表现，分析错误的根源，分析越深刻，就越有利于改正错误，教育意义就越大。回忆几十年来，我的每一点进步，都是相互开展批评和自我批评的结果。可以这样说，没有批评和自我批评，就没有进步。

三是要有意识、有目的地学习毛泽东著作。

为了加深对个人主义危害的认识，我曾多次学习毛泽东的《反对自由主义》。《反对自由主义》一文，将自由主义概括为十一条。其实这十一条，也就是个人主义的表现。过去我多半是从公和私的角度来认识个人主义。在多次学习《反对自由主义》之后，我进一步认识到“主张无原则的和平”“事不关己，高高挂起”“听了不正确的议论也不争辩”是自由主义，其实，也是个人主义。2009 年 8 月 1 日，我给湖南省委书记张春贤同志写的信，就是在多次学习《反对自由主义》之后才写的。

事情是这样的：2009 年 7 月 23 日，《潇湘晨报》发表了一篇题为《推进人才新政　打造“党政湘军”》的社评。社评把湖南省委推进人才新政概括为打造“党政湘军”，并说“在用人新政下呼之欲出的‘党政湘军’”。我认为，这个概括是错误的。在湖南什么都可称之为“湘军”，唯独党政不能称为“湘军”。24 日，我把我的看法写成文稿，寄到省委宣传部主办的《阅评简报》。我估计《阅评简报》不会同意我的看法。我就是在《反对自由主义》一文的教育下，鼓起勇气，给湖南省委书记写了一封信。五天后，张春贤同志的秘书打电话来说：张书记看了你的来信，认为你的看法是对的，并且作了批示，已下达宣传部。后来《阅评简报》召开一个会议邀请我参

新老党员学习党章座谈会

加，《阅评简报》负责人说：沧南同志写的评阅意见文稿，我们看了，当时认为，“党政湘军”过去也提过，没有人不同意，直到看了张书记的批示，才知道这个提法是错误的。

现将给张春贤同志的信抄录如下：

杨秘书长并请转张书记：

你们好。我知道你们都很忙，可是又不能不写这封信给你们。事情是这样的：

上月 23 日，《潇湘晨报》发表一篇题为《推进人才新政 打造“党政湘军”》的社评，应该说社评的内容是正确的。但是，作者把湖南省委推进人才新政概括为打造“党政湘军”，并说“在用人新政下呼之欲出的‘党政湘军’”。我认为，这个概括是错误的。

一、这些年来，湖南省委在邓小平理论、“三个代表”重要思想的指导下，深入贯彻落实科学发展观，为党培育了一大批坚信马克思主义、坚持走社会主义道路、忠于党、与人民同甘共苦的优秀干部。省委在培育干部方面有很多新的思路、新的提法、新的经验、新的培育方式和途径。这是一篇大文章，值得我们很好地总结。我觉得，社评应该在这一方面作出系统的理论性概括，找出在新的历史条件下培育干部的规律，而不应该把它概括为“打造‘党政湘军’”。湖南省委培育的干部，不只是湖南的财富，更是中国共产党的财富。干部只有同党和党的事业结合起来才有作为，才有价值。社评为什么不突出党，而要突出“湘军”，究竟想要说明什么问题嘛?!

二、我们党历来重视反对地方主义、宗派主义和山头主义。我们党的团结就是在反对这些恶劣思想过程中形成的，巩固的。“打造‘党政湘军’”的提法，有地方主义的味道。在党内还要打造什么“军”？湖南打造“湘军”，湖北打造“鄂军”，安徽打造“皖军”，……这样一来，统一的中国共产党不就变成了这个“军”那个“军”的混合物了吗？还有，当然西藏也可以打造“党政藏军”，新疆也可以打造“党政疆军”。在当前的政治形势下，从政治影响来看，打造“党政湘军”的提法，不是一个好的提法。

三、中央一再强调，全党要团结在以胡锦涛同志为总书记的党中央周围。打造“党政湘军”的提法，不利于全党的大团结。我认为，新闻和理论工作者应该在党的团结方面多做些工作，不要在政治上搞什么标新立异了。

张书记，我认为，所谓打造“党政湘军”，就是要在党政方面组织“湘军”。为什么要组织“党政湘军”？组织“党政湘军”要干什么呢？23日看了社评后，24日，我就把自己的看法写成文稿，25日，邮寄省委宣传部《阅评简报》。这几天，我一直在思考这个问题。我估计《阅评简报》不会同意我的看法。所以才写这封信给你。如果我的看法不对，就请你们原谅。

顺颂夏安。

湘潭大学哲学系沧南

二〇〇九年八月一日

四是要认识个人主义思想改造的长期性和反复性。

拿我来讲，受了党团教育整整70年了，个人主义思想是不是根除了呢？说句老实话，没有。有的时候，个人主义思想就像幽灵一样还会以不同的形式在我脑海里出现。比如，前几年一看到中青年老师买新房子、买小轿车，我脑子里就想：你们才搞几年，就这也买了，那也买了。我搞了一辈子，新房也买不起，更不要说买小轿车了。说得好听些，这叫心里不平衡。说得本质些，就是个人主义。共产党员的使命，就是要消除人间的一切不平等，大力发展经济，不断提高人民的物质文化生活水平。我作为一名老共产党员，看到人家买新房和小轿车，首先应该欢欣鼓舞，而不是触景生情，因为自己这也没有那也没有而感到“不平衡”，这不是个人主义在作怪又是什么呢？想到这里，我觉得，自己受了党的教育数十年，还不如封建时代的某些士大夫，他们还有“先天下之忧而忧，后天下之乐而乐”的思想境界，而自己却没有这种境界，因此感到十分内疚。

包括个人主义在内的一切旧思想、旧观念、旧习俗的形成，都经过了一个漫长的过程。因此，改造这些旧东西，不可能一蹴而就，也需要经过一个很长的过程，而且是一个很痛苦的过程。因为过去大家都那样想、那样做，我也那样想、那样做，就感到很自然，也很习惯。现在要站在集体主义的立场上想问题、办事情，就不习惯、不自然了，心理上就会感到不舒畅，很痛苦。如果决心坚持下去，天天站在集体主义的立场上想问题、办事情，久而久之，也就自然、习惯了。

我给同学们讲党课，大致就是这样讲的。把自己摆进去，自己是怎样想和怎样做的，就怎样讲，效果比较好，很受同学们欢迎。有些同学来信鼓励我说：

“在党课上很荣幸听了您的教诲，听完了您的讲演之后，内心激动不已。”

“我的同学说，读书就应该像沧南老师那样，那才能求得真知啊！您是我们青年一代的楷模。您对自己的要求是对任何一个党员、一个青年最好的教诲。80后、90后的我们缺的正是一个模范。以身传教，您已经很好地做到了。……在现在精神乏匮、私欲横行的社会，您就是一面旗帜。……不为女儿报销感冒药，足以给私利熏心的人以有力的抨击。作为一个湘大人，我们都以学校有您这样的师者而骄傲。”

有的来信说：“党骨培训时听过您的报告，很有感触……在我们的心中，您是位德高望重的长者，更是对大学还抱着坚定理想的每一位进大学校园学生心中为自己描绘的大学教授的形象。”

一位藏族学生毕业后来信说：

“在进入大学后，我并没有因离家而感到孤独，并没有因离开父母而得不到关爱，因为学校就是我的家，老师和同学就是我的家人。而您就是我的家长，我的爷爷。”

“从您身上我学会了很多很好的东西，使我的思想、学习都取得了很大的进步。在生活上，我也受到您很多照顾。我想：我一辈子都不会忘记您家饭菜的味道。”

这里，我只是把自己曾经想过的和想做而又未做的事具体地讲出来，并不难，谁都可以讲，根本谈不上什么“楷模”，什么“形象”，什么“旗帜”。

在关工委工作期间，我在关工委指导下，除了给党校和其他院系讲党课外，还在公共管理学院2005级公共事业管理班搞了两年辅导员工作。这个班级思想好、学习好、工作好，不旷课、不迟到、不早退，2008年被评为湖南省先进班集体。我同这些年轻人在一起，确实感到很惬意，不仅心态年轻了，而且思想也活跃了。辅导员的工作，主要是参加班委会组织的各种座谈会。比如，读书座谈会、新党员座谈会、要求入党积极分子座谈会，等等。现在回忆起来，我在各种座谈会上主要讲了五个问题：

2007年参与公共管理学院2005级公共事业管理班读书座谈会

第一，为什么要读书和怎样读书。一般的说，我们不是为读书而读书，读书不是目的。在我读书的那个年代，读书的目的，就是为了养家糊口，脱贫致富，出人头地。现在，你们读书不光是为了自己的家庭，更重要的是为人民服务，为建设强大的社会主义祖国服务。要服务，要建设，就需要读书，学会掌握服务、建设的本领。

为了读好书，必须掌握一定的方法。每个人读书都有各自的方法。试问：读书有没有具有普遍意义的、适用于每个人的方法呢？我的回答是肯定的：有。比如，毛泽东读书的特点，就具有普遍性的方法论的意义。毛泽东读书有三大特点：

一是博览群书。就是多读多看各种书籍。毛泽东不仅学习马克思、恩格斯、列宁、斯大林的著作，读哲学、政治经济学、政治学、科学社会主义、军事、书法等方面的著作，而且还学习土壤学、冶金学有关农业和工业方面的自然科学著作。他尤其对历史情有独钟，通读了八百多册、约四千万字的纪传体《二十四史》。此外，毛泽东还阅读了许多佛教经典。特别令人感动的是，1954 年，他已年过花甲，还勤奋学习英语。毛泽东对他的英语秘书林克说："决心已定，至死方休。"毛泽东是这样说的，也是这样做的。1976 年 9 月 8 日，也就是毛泽东逝世的前一天，时而清醒，时而昏迷，一清醒，他就要求看书看文件。据记录，在这一天他看书看文件共 11 次，用时两小时五十分。最后一次看文件是下午 4 时 37 分，约看了 30 分钟，就昏迷过去了。七个多小时后，也就是 9 月 9 日零时 10 分便逝世了。这位伟大的革命家、理论家、学问家，几乎是在心脏停止跳动的那一刹那，才结束他一生从未间断过的读书生涯。毛泽东用自己的践行，兑现了“决心已定，至死方休”的诺言。

二是边读边想边记的统一。“读”有两种情况，一种是“精读”，就是反复地认真地读，要读通，读懂，融会贯通；一种是“泛读”，一般地阅读，有些书浏览一遍就可以了。“想”，就是开动脑筋，结合实际，独立思考，提出新的观点和新的看法。“记”，就是把读书时的体会、得到的启示和产生富有创造性的思想，随时简要地记录下来。毛泽东读书写了大量眉批，有的已经整理出版了。比如，毛泽东的《哲学批注集》《读苏联〈政治经济学教科书〉的谈话》等。

读书，必须把读、想和记有机结合起来。读的时候，必须开动脑筋，多思多想：为什么这样写？这样论述的缘由、根据是什么？想的时候，必须读书。这样，才能拓展新的思路，获得新的启示。最后，把读和想结合形成的新观点、新提法、新论述用笔记下来。这样读书，也只有这样读书，才能有所获。孔子说：“学而不思则罔，思而不学则殆。”这就把读和想、学和思有机结合起来了。这是《论语》的正能量的一个表述，具有永远普遍的指导意义。毛泽东继承了并充实了孔子的学思结合的思想，明确指出要把读想结合形成的新观点、新提法和新论述记下来。“不动笔墨不读书。”这是他长期养成的手脑并用的一种好方法。人类文化就是在一代又一代前人读想、学思结合形成的新观点、新提法、新论述的基础上发展到今天的。

三是“三复四温”。一般地说，我们读书大致是这样的：看了一遍，有时写点体会，或写几张卡片，就把它放在书架上，除非为了讲课或研讨某个问题，是很少再看第二遍的。毛泽东读书则主张“三复四温”。只有一遍又一遍地读，才能融会贯通，把握其精神实质；才能做到“温故而知新”。“温故”是“知新”的基础和前提。没有“温故”，就没有“知新”。

我认为，上述毛泽东读书的三大特点，适用于每一位读书人，具有普遍性的方法论的意义。用这种方法来读书，肯定会受益终身。

第二，共产党人只有一种人生观。我从来就认为，共产党人只有一种人生观，没有离退休后的第二种人生观。因为，共产党人曾经承诺过：不惜牺牲自己的一切，为实现共产主义和人民的彻底解放奋斗终身。而这正是共产党人的人生观。共产党人不论在职也好，离退休也好，都要为实现共产主义和人民的彻底解放而奋斗，只是奋斗的形式有所不同罢了。共产党人的位子可以变，也应该变，但其人生观不能变。共产党人的终身，应该在实现自己的信仰奋斗中度过。在这一生中，尽管默默无闻，没有创立惊天动地的伟业，没有写出流芳百世的雄文，没有留下千万亿的巨款，但是，他却能像保尔所说的那样：“当回忆往事的时候，他不至于因为虚度年华而痛悔，也不至于因为过去的碌碌无为而羞愧，在临死的时候，他就能够说：‘我的整个生命和全部精力都已经献给世界上最壮丽的事业——为人类的解放而奋斗。’”①

第三，要思想上入党。你们入党了，我为你们成为共产主义战士而欣慰。但是，你们应该清醒地认识到，现在入党只是组织上的入党，思想上并没有完全入党，还存在着这样那样非无产阶级的思想。从现在开始，你们就要逐步树立听党的话，服从党的安排，不惜牺牲个人的一切，为实现共产主义和人民的彻底解放奋斗终身的人生观，这就要求入党后更加自觉地改造思想。我曾多次说过，思想改造，犹如逆水行舟，不进则退。停不得啊！要争取做一个思想上入党的共产党员。

第四，什么是理想，怎样树立正确而远大的理想。我们座谈会的主题是：什么是理想，怎样树立正确而远大的理想。这两个问题，不仅对年轻人，就是对我们老年人来说，也是两个很重要的问题。特别是在人生观、价值观多元化，个人主义、自由主义、拜金主义、崇拜欧美等错误思想滋生蔓延的今天，座谈这个问题确实更加具有重大意义。

---

①《钢铁是怎样炼成的》，人民出版社 1958 年版，第 291 页。

同学们来到湘大，要完成两个任务：一是学习科学知识，掌握建设中国特色社会主义的本领。我们学校的校训，第一条就是“博学”。所谓博学，就是要博览群书，广收博览。学习要不怕难、不自满，看不懂就“钻”，就是要反复地钻研，没有时间就“挤”，就少玩。只有博学，知识面广，而且善于运用、操作，才能全面地、更好地为人民服务，为建设中国特色社会主义服务；二是学做人，学做社会主义的人，学做被马克思主义武装起来的人，学做对中国特色社会主义有信念、对改革开放和现代化建设有信心、对党和国家高度信任的人。我觉得，做人难，做一个有崇高信仰、远大理想，并且为实现自己的信仰和理想而坚持不懈、努力奋斗的人就更难。人，来到这个世界上，不只是为了吃喝玩乐，更重要的是在信仰和理想的指导下改造这个世界，使人获得解放，使世界更好地适应人的需要，进而达到自然、社会、人的和谐统一，这才叫人。人和其他动物就有这个区别。我是这样想的，理想这个问题之所以这样重要，因为它不仅关系到同学们的前途和命运，而且直接关系到我们社会主义祖国的前途和命运。二十年后我们国家的命运就掌握在你们这一代人的手中。到了那个时候，你们这一代人，就是我们国家的各级领导人。中国向哪里发展，走什么道路，是沿社会主义道路走下去，越走越宽广，还是走向资本主义，从某种意义上说，这就取决于你们这一代人现在树立什么样的信仰和理想了。从这个视角来看，树立什么样的信仰和理想，就不仅仅是一个理念问题，而且是一个关系社会主义祖国的前途和命运的问题，不仅仅是一个私人问题，也是一个社会问题、政治问题。

那么，什么是理想呢？

我是这样理解的，在我们国家，理想就是指同党和国家总的奋斗目标相联系的、经过主观努力奋斗可以实现的自己未来的愿望、想法。理想有四个特点：

(1) 理想是同党和国家总的奋斗目标相联系的。党和国家总的奋斗目标，现在是建设中国特色社会主义，把邓小平所说的“事实上不够格”的社会主义，建设成“够格”的社会主义，最终目标是实现共产主义。如果你的理想同党和国家总的奋斗目标不一致，互相冲突，这样的理想，肯定是不可能实现的。因为它为党和国家所不许，这是其一。其二，得不到社会和人民的支持。如果你树立的理想同党和国家总的奋斗目标是一致的，有这样那样的联系，是为党和国家总的奋斗目标服务的，那就有实现的可能。因此，我建议同学们在考虑树立自己的理想的时候，一定要充分考虑到党和国家总的奋斗目标，使自己的理想服从党和国家的需要，这就是爱党爱国的体现，或者说，是尊重实际，从实际出发。

(2) 理想是有根据的。如果说，第一点是讲在树立自己理想的时候，必须充分考虑到客观条件，不能臆想。那么，第二点讲的就是在树立理想时，必须充分估计到主观条件。这就是树立理想的根据。本来你对数理化就没什么兴趣，而你却想将来做一名物理学家，这个理想就没有根据，当然是不可能实现的。在座的都是学文科的，如果你们当中有人想将来做一名哲学家、逻辑学家、历史学家、作家、诗人，这个理想是有根据的，就有可能实现。

(3) 理想是合理的。我们在树立理想时，既要充分考虑到客观条件，又要充分考虑到主观条件，是在充分分析、认识主客观条件的基础上树立起来的。这样的理想，就是合理的理想。反之就是不合理的理想。

(4) 理想讲的是可能性，要把可能性变成现实，必须加上主观努力。理想不是自发实现的，不是不请自来的。要把理想变成现实，必须坚持不懈的努力奋斗，创造条件，不争取，不付出一定的代价，理想是永远不可能实现的。

上面讲的四点，就是我对理想的理解。这四点，既说明了什么是理想，又说明了怎样树立、实现自己的理想； 同时，也说明了理想同幻想、空想的区别。空想，是一种脱离主客观条件的胡思乱想。幻想有两种情况：一是由客观现实、社会进步和科学技术发展而引起的幻想，它可以鼓舞人们去争取，对事物和科技的发展可以起到一定的积极推动作用；一是脱离实际臆想出来的，这是一种虚构。

那么，怎样才能树立同党和国家总的奋斗目标一致的远大理想呢？从根本上讲，只有一个方法，只有一条道路，那就是把我们知识分子的个人主义的世界观，改造成为马克思主义的立场、观点、方法和为人民服务相结合的世界观。

根据我自己的体会，世界观这个问题实在太重要了。它决定我们的人生观、价值观、道德观、生死观，它是管总的。你们毕业后，到社会上去工作，能不能过好权力关、金钱关、感情关，能不能接受改革开放和社会主义市场经济的考验，归根到底，取决于你们现在能否树立辩证的、历史的、实践的唯物主义世界观，也就是马克思主义的立场、观点、方法和为人民服务相结合的世界观。树立工人阶级世界观，无论过去、现在和将来，无论是对年轻人，还是对老年人，都是首要的问题，这个问题不解决，或解决得不牢靠，不管搞什么都不可能做出什么成绩来。我是这样想的，如果说，大力发展社会生产力和国民经济是建设中国特色社会主义的物质条件，那么，大力发展社会主义精神文明，尤其是弘扬我们党在长期革命战争时期中形成的讲信仰、讲理想、不谋私利、不徇私情、无私奉献、先人后己、完全彻底为人民服务的精神风范，就是建设中国特色社会主义的思想条件。这两条相辅相成，缺少其中任何一条，都不可能建成中国特色社会主义。

根据我的经验，世界观的改造，是一个漫长的过程，不是一年两年或十年八年就能完成的，而是一辈子的事，而且会有反复。我是 1948 年入团的，受了 70 年党的教育，直到今天，个人主义的世界观也没有完完全全被改造。现在只能这样说，个人主义在这个问题上我克服了，有时在另一个问题又冒出来了。冒出后，我能够意识到这是错误的，能够自觉地克制。不要以为我是一位老同志，受了党的多年教育，其实我的头脑里还有不少非无产阶级思想。虽然我现在已经离休了，但是，学习不能离休，改造不能离休，与时俱进不能离休。学习、改造、与时俱进一离休，共产党员就从思想上解除武装了。

概括起来说，我的看法是：

(1) 要树立崇高的信仰和远大的理想，必须树立马克思主义的立场、观点、方法和为人民服务相结合的世界观。这是首要的根本问题。因为世界观管总的，不解决好这个问题，正确的信仰和理想就树立不起来。一个人没有信仰和理想，就没有精神支柱，就没有灵魂。一个没有精神支柱的人，就会一天到晚昏头昏脑、迷离恍惚。这种人，不论是工作，还是学习，都不可能兢兢业业，任劳任怨，而且也处理不好人际关系。

(2) 理想一定要在充分、全面分析主客观条件的基础上来确立，一定要服从党和国家总的奋斗目标的需要。这就叫爱党，这就叫爱国。

(3) 思想改造是一个过程，不是一阵子，而是一辈子，不是自发的，而是自觉的，必须充分发挥主观能动性，而且要认识到旧思想的反复性。改造思想，犹如逆水行舟，不进则退。而退是没有出路的，只能勇往直前。大家都很年轻，要发扬不到长城非好汉的精神。只要下决心改，就一定能改。但是，急不得，欲速则不达，也慢不得，愿我们大家都活到老，学到老，改造到老。

第五，共产党员是一面红旗，无论在什么时候、什么情况下，都要起先锋模范作用。你们在班上，应该是学习尊师的模范、团结互助的模范、热爱集体的模范、遵纪守法的模范、践行社会主义道德的模范。共产党员就是一面红旗，我们一定要让这面红旗，成为永不褪色的红旗。

为了确保这面红旗永不褪色，我认为，必须切实做到以下五个“一定”：

一定要自觉地遵守党的纪律和国家的法律法规，严格保守党和国家的秘密，服从党的分配，积极完成党的任务。

一定要有坚强的革命意志，从调查研究、分析客观实际出发，充分发扬革命和苦干精神。

一定要克服个人主义、地方主义、本位主义和自由主义，为了保护国家和人民利益，在一切困难和危险的时刻，敢于挺身而出，英勇斗争，不怕牺牲。

一定要大公无私，先人后己，吃苦在前，享受在后，克己奉公，当个人利益和人民利益发生矛盾时，要无条件放弃个人利益。

一定要切实开展批评和自我批评，敢于揭露和纠正工作中的缺点和错误，坚持同浪费、贪污、腐败和一切不正之风作斗争。

一个共产党员做到了这五个“一定”，就是够格的、名副其实的共产党员。这面红旗就是红艳艳的。如果做不到这五个“一定”，就是一个不够格的共产党员。这面红旗就褪色了。

同志爱 师生情

我是一个外省人，在湖南人生地疏，无亲无故。但是，我并不感到孤独。我生活在世界都知晓的湘潭大学这个友爱、团结、互助、尊师重教的大家庭中，既有党的关怀，又有同志爱、师生情。我感到十分温暖，很安逸。值得我欣慰的是，如今我的研究生都已功成名就了。他们经常对我嘘寒问暖，关心备至。不是亲人，胜似亲人。这份同志爱、师生情，将会永远铭记在我的心里，是我耄耋之年最大的幸运和享受。

2001 年 12 月 25 日，妻子杨荣芳病逝。我含着眼泪对两个孩子说："我和你们的妈妈早就商定，我和她死后，丧事从简，不开追悼会，不收礼金和礼物，让我同她自然地来，自然地去。"过了一会，国甫来同我商定开追悼会的事宜，我把同两个孩子说的话又重复了一遍。贤超、国甫等人反复劝我们："不收礼金和礼物，但要开一个简朴的告别仪式，以寄托我们这些学生和同志们的哀思。"最后我妥协了。追悼会由国甫领导组织，贤超、克昌负责具体办理。校领导除因公在外的，其余都参加了。追悼会开得庄严而隆重。如今，每当荣芳忌日这一

从左至右：周叶、罗静、沧南、彭国甫

天，我和两个孩子都默默地感激国甫、贤超、克昌对我们的情至意尽。

记得有一年冬天的早晨，我穿着一件穿了三十多年、褪了色的、灰不溜秋的羽绒服去医院看病，在路上碰到了国甫，那时他已调离湘大，但家还没有搬。他问我：

“这么早，你到哪里去？”

“有点咳嗽，去医院看看。”我说。

他看我穿着那件褪了色的白不白、灰不灰的羽绒服说：“穿了很多年了吧，还暖和吗？”

“有年头了，穿了三十多年，还暖和。”我说。

我万万没有想到，第三天他亲自在长沙买好托人送来一件崭新的羽绒服。那人还说：“彭书记说，如果大小不合适，就请颜佳华找个人去长沙换一件，这是发票。彭书记已经打电话给颜老师了。”没过多久，佳华就来了。他一进门就问：

“老爷子，羽绒服合身吗？是大还是小？”

我说：“小了一点。”

“你把羽绒服和发票给我，我请王凯伟去换一件。”佳华说。

彭国甫，湘乡人，出生于人烟稀少、交通极不方便、偏僻山区一户贫寒农民家庭，是穿着草鞋来湘大哲学系报到的，硕士毕业后，留校任教，1994年破格晋升为教授，并聘为博士生导师。国甫文章写得好，曾在《求索》《党的文献》等刊物发表多篇文章。国甫的课也讲得好，有理论，有实际工作经验，语言生动，谈吐诙谐，学生都爱听他讲课，还出版了多部著作。后去溆浦县挂职锻炼，两年后返校，后任校党委副书记、书记。不久国甫调岳阳市任市委副书记，兼任岳阳县委书记。现为中国共产党第十九次全国代表大会代表、第十二届全国人大代表、中共湖南省委委员、怀化市委书记、怀化市人民代表大会常务委员会主任。国甫为人正派、公正，党性强，工作有魄力，敢想敢闯，敢于担当，敢谋大事，敢干大事，踏踏实实干事，清清白白做人，是马克思主义和中国特色社会主义理论体系的坚定信仰者和忠实实践者。其父病逝，其子结婚，其孙满月、周岁，都严格按照中央规定办理，不请客，不收礼。我记得读书时国甫曾经说过：“我是穿草鞋出身的，我的梦想就是让更多穿草鞋的人穿上皮鞋，过上幸福的生活。”国甫因为工作忙，除去省里开会外，很少回长沙。我与其妻周叶女士相识于20个世纪80年代末，周叶现任中南林业科技大学计划财务处处长。去年我在长沙住院期间，她经常携带可口的饭菜和水果来看望我，安慰我，鼓励我。她说："老师，你能做的都做了，而且做得很好。今年，你已92岁高龄了，不要再像过去那样一天到晚坐在房间里看呀，写呀，今后要以调养休息为主。有什么事打个电话来，让国甫、涵湘、小平他们来解决。"她怕我住院寂寞，特地去市场买了一个平板电脑式音乐播放器给我。

彭国甫调离湘大后，毛泽东哲学思想专业毕业的硕士研究生，留校任教的只有三位。一位是范贤超同志，隆回人，中共党员，现已退休。毛泽东哲学思想专业第一届的三位硕士生中，只有范贤超同志矢志于毛泽东哲学思想的教学和研究，教

从左至右：范贤超、沧南、周建平

学效果好，科研好，撰写了大量学术论文，出版了几部专著。贤超为人正派，爱鸣不平，见到不合情理的事敢于批评，亮出自己的观点，重义气，乐于助人，我的学生都叫他大师兄。杨荣芳追悼会具体工作都是由他和吴克昌同志办理的。女儿高玲玲病退后的工作，就是范贤超、周建平夫妇出面联系解决的。我和他经常研讨学术问题和对现实的看法。老范多灾多难，先患肠癌，后又中风，半身不遂。但是，他非常坚强，先是在床上锻炼，能坐起来，然后由家人扶着下床走两步，歇一会，最后自己拄着拐杖慢慢走。如今康复得很好，只是走路有些不方便。老范命大，两次大病，没有整倒他。俗话说：大难不死，必有后福。现在老范的日子过得很潇洒，上午看看书，写写东西，下午搓搓麻将，既可以锻炼锻炼手（中风手有点不灵活），又可以放松一下，岂不快哉！贤超每年过年都要送我两条大草鱼。他说：祝你年年有余。

从左至右：张冬梅、沧南、颜佳华

另一位是颜佳华同志，茶陵人，中共党员，硕士毕业后，考博改学行政管理学，公共管理学教授、博士生导师，现任湘潭大学出版社社长。佳华对我的生活非常关心。每年过年过节他都携带些物品来看望我。平时看到我就说："老爷子，有事就打个电话来，我马上就来。""你不要认为，这是在麻烦我。不麻烦，也是我应该做的。"其妻张冬梅任职于公共管理学院资料室，擅长绘画。

还有一位是吴克昌同志，娄底人，硕士毕业后，考博改学行政管理学，原本留校任教，后来为了解决孩子上学问题，调往广州，曾任华南理工大学公共管理学院院长，现任致公党广东省副主任。杨荣芳的追悼会许多具体事务，就是由他和范贤超操办的。杨荣芳生前腿痛，克昌陪伴着她一道去长沙湘雅二医院治疗。杨荣芳在湘潭市中心医院三次手术，克昌都守护在场，其妻魏兴华女士，是位英语教师，现任教于华南农业大学，几次回湘大都来看望我，要我和家人去广州住住。

从左至右：吴克昌、沧南、魏兴华

克昌、佳华都是博导，教学好，科研好。他们发表了很多论文，并出版了多部著作。他们为人也非常好，正派、公正、讲义气、襟怀坦率、乐于助人。他们两人都很会做人、做事、做学问。都当过学院的院长，把院里的班子和团队都建得好好的，教学、科研、思想政治工作都很用心用力抓。

在我的研究生中只有一位是毕业后去国企工作的，他叫吕涵湘，衡阳人，中共党员。他很守规矩，从不干违法乱纪的事。为人诚恳实在、清清白白。涵湘慷慨解囊，乐于助人。他每年都来湘大看望我。2016 年 2 月 10 日，涵湘从长沙来湘大看望我，一见面握着我的手就问：“身体还好吧？”我说：“自我感觉还好，就是膝盖疼痛厉害，腿和脚都肿得亮晶晶的，一按一个小坑。”涵湘摸着我的腿说：“要去长沙做一次全面检查，然后再治疗。我回去联系一下，再打电话告诉你。”

从左至右：付云霞、沧南、吕涵湘

2 月 13 日，涵湘来电话说：“16 日早晨 7 点半钟，来车接你去湘雅二医院体检中心做一次全面检查，然后再对症治疗。”检查没有发现什么问题。2 月 24 日又接我到湘雅二医院老年病科（即十四病室后楼）住院治疗。24 日，涵湘来车接我和罗静去湘雅二医院老年病科 208 病室。天天打点滴，隔三岔五，不是验血，就是化验大小便，但是没有什么效果，膝盖还是钻心地疼痛，腿脚还是肿得亮晶晶的。到了 3 月 6 日，意外情况发生了。这天早饭后，我因膝盖痛，躺在床上休息，突然失去知觉，不省人事，几秒钟后又醒过来。后来听罗静说："你在半个小时之内，连续搞了三次，两手高高举起，不断颤抖，两眼直瞪瞪的向上，怪怕人的。"罗静把这种情况告诉了我的主治医生，医生决定给我做动态心电图和大脑 CT。7 日上午主治医生吴教授带领几位实习生来查房，对我说："沧老师，昨天夜里你'死'了好几次。"我问："这是怎么回事？"

她说："动态心电图显示，昨天夜里，你心脏停止跳动好几次。一般地说，心脏停止跳动三秒钟，就是很长的了。你的心脏停止跳动四点五秒钟，而且停止跳动好几次。决定手术安起搏器。等一会，手术室的医生会来同你谈。"听她同实习生的谈话，我知道这种现象，在医学上叫"晕厥"。

3 月 8 日上午 8 点半手术。7 点多钟又出现三次晕厥。大家都担心是否能手术。进手术室前，我对毛毛、玲玲、罗静讲了两点："第一，不管手术出现什么情况，你们只能听医生的解释，绝不许吵闹，这是我们家的家规。第二，如果我死了，就把我的遗体无偿地捐献给湘雅医学院供学生解剖之用。这是我的夙愿，希望你们同意。"后来，听玲玲说："你在手术过程中，又出现一次不省人事，手术暂停。医生对毛毛说：'病人可能不是心脏问题，很可能是大脑问题，你们要做好思想准备。’我听了毛毛的话急得不得了。只好打电话给范贤超老师。范老师说：‘不要急，事已至此，急也没用，要挺住，一切听医生的。有什么新情况，必须马上打电话给我。’正在这个时候，护士把大脑CT片子拿来了，医生看了一眼说，大脑很正常，没有问题，才又继续手术。手术完成后，医生再三嘱咐：一定要仰卧三天，不能动，特别是左侧。”我仰卧了三天，全身都痛。手术反应很强烈，低烧、咳嗽、神志有些不清醒，话也讲不清楚。在医生的精心治疗下，没几天就恢复正常了。

我去长沙住院，因为怕麻烦同志们，我没有告诉任何一位同志。但还是有三位同志知道了。他们是：

廖小平，益阳人，中共党员，硕士毕业后留校任教，后因种种缘由，去长沙水电师范学院任教，并攻读伦理学博士学位，当了教授和博士生导师。小平为人好，教学好，科研好，人缘好，口碑好，党性强，事业心强，会干实事，敢于担当，现任中南林业科技大学校长。他常来看望我，并对罗静说：“老师患病，你辛苦了。我把电话号码告诉你，有事就打电话告诉我。”

有一次，小平来看我，我说：“祝贺你荣任中南林业科技大学校长。”

“头绪多，又负债，担子比较重。”小平说。

“你刚负责全校工作，捋出一个头绪来，可能就会好一些。我是一个教师，我想从教师的视角给你提一点建议。有的教师对校领导申报三四个课题，有的甚至申报五六个课题非常反感。我建议你在任职期间，不要申报课题，集中精力抓教学、抓科研、抓学科建设和师资队伍建设，狠狠地抓，一抓到底。当然，这并不是说，你就不搞科研了。在适当的时候，你可以组织几位志同道合的学者，建立一个伦理学研究中心。”

“老师，你放心，我一定集中精力抓工作，把林科大搞上去。”

曾海平，汨罗人，中共党员，毛泽东哲学思想专业硕士毕业后，一直在湖南省纪委工作，现任审理室主任。海平为人正派、公正，严于律己，党性强，对党的事业忠诚老实，会干实事，话又不多，是做纪检工作的好干部。海平工作很忙，经常出差。他再三嘱咐妻子丁红梅女士常来看望我。丁红梅做到了，而且做得非常之好。她对罗静说：“我把电话号码告诉你，只要有事，不论什么时候，都请一定打电话给我。”

刘国华，益阳人，中共党员。硕士毕业后一直在长沙市委党校任教，后晋升为党校副校长，现任长沙商贸旅游职业技术学院院长。国华为人正直，老实，襟怀坦荡，事业意识强，敢于担当，工作能力强，善于团结干部，没有院长架子，而且课讲得很好。

“国华，我没有告诉你，你怎么知道我在这里呢?”我问道。

“是范老师打电话告诉我的。你住院，我在长沙你也不告诉我，这不太好吧!”国华说。

“你们都很忙，我不能麻烦你们。在湘大我没有告诉任何一个人。我这个人，最怕麻烦别人。”我说。

“我们这个学院不仅搞商贸旅游，而且非常重视继承、发扬湘菜传统。我现在的任务，就是四处寻找湘菜大师，重金聘请他们来学院任教。”国华说。

“学院确定继承、发扬湘菜传统，这个点子好。这样，就把商贸旅游学院的特色办出来了。既然决策已定，我希望你这个院长就要狠狠地抓，要在继承传统的基础上，烹制出几道长沙人民叫好的湘菜。这样，商贸旅游学院就会名扬湖南甚至全国了。”

此外，任教于武汉大学的罗萍教授，是我在武大哲学系任教时的学生。那个时候，她与黄钊经常来我家研讨问题，同妻子杨荣芳和两个孩子都非常熟悉。我来湘大后，她又报考并顺利地通过了毛泽东哲学思想专业硕士研究生的考试。后来，湘

从左至右：黄钊、王玄武、沧南、罗萍

潭大学又将其夫黄剑同志调进哲学系任教。所以我们之间关系很近。她多次打电话来要我和我的家人去武大看看。她说："沧老师，你多年没有来武大了。来看看吧。上半年五月来，下半年十月来。我同黄钊真心诚意地请你和你的家人一起来武大住几天，同老朋友见见面。"

这些研究生有的毕业已35年，如今都是老爷爷、老奶奶了，依然对我情深义重，念兹在兹，百般照顾，这就是师生情，也是我耄耋之年的最大幸福和享受。

手术前后，当时的湘大党委书记章兢同志，分管老干处工作的校党委副书记周益春同志（现任湘大校长），离退休工作处处长钟伟来同志，马克思主义学院院长李佑新同志，公共管理学院党委书记颜佳华同志（现任湘潭大学出版社社长），哲学系主任王向清同志，郑必清、杨静婉夫妇，范贤超同志一家，彭臻同志一家，韩梦秋、彭爱莲夫妇，李志和、黄慈珍夫妇，龙新明、李晶夫妇，毛毛的爸爸钟志坚，都来看望我。建娥（从深圳来）、莎莎、璇璇、曾玺也来了，并鼓励我说："你是一个很坚强的人，振作精神，是一定能够战胜病魔的。"此外，任教华南理工大学的韩莹莹教授，安徽阜阳人，是我的大老乡。她在湘大学习期间，经常来我家玩。荣芳和我都很喜爱她。莹莹去广州后，几乎每年都寄些礼物来，并多次打电话来请邀我和我的家人去广州玩。她说："沧老师，你说，我买了房子就来。我买了房子，你又说，我买了车子就来。现在房子、车子我都买了，你该来了吧。我同张强是真心请你和你全

从左至右：张强、韩莹莹

家来广州玩玩。”这些集中说明了党组织对我的关怀和同志们对我的厚爱。享受这份同志爱、师生情，也是我晚年最大的福气。

4月初，湘雅二医院吴教授说：“沧老师，你没有发现的、致命的病，安了起搏器，给你治好了。你要治的膝盖痛、腿脚肿，很难根治。但是，不会致命，就是有些疼痛，行动不方便，今后要以调养休息为主，要多吃点鸡和肉。”

我问：“教授，什么时候出院？”

她说：“12日吧。”

听了主治大夫的话，我又喜又忧。喜的是，安了起搏器后晕厥治好了，很快就能出院了；忧的是，膝盖的钻心疼痛、腿脚的浮肿，将会与我同生死、共存亡。一想到这些，我的精神和情绪都不太好了。

回家后的第二天，范贤超夫妇就来看我。老范步履蹒跚，每走一步都很不容易，真可谓是“举步维艰”。从北斗村走到我家有一里多路。我躺在床上，见他大汗淋漓，心里实在有些不好意思，忙请他俩坐下。

我开玩笑说：“过去昂首挺胸、神采奕奕的沧南，没想到也会有今天这个样子。”

老范说：“这是自然的，也是必然的，每个人都会有这么一天。”接着又说：“你的腿肿可能是营养不良引起的，要多吃鸡、多吃肉。另外，腿痛也要坚持走路，一次少走一点，不走不行，不能老躺着。”

我说：“这要向你学习。你很坚强，中风后，半身不遂，能恢复到今天这个样子，不就是靠坚持锻炼的结果吗？我一定每天坚持走几次。”

没过几天，国甫也来了。一见面，国甫就问：“现在还好吧？”我说：“就是腿肿痛得很。”他说：“消除肿痛需要一个过程。”鼓励我战胜病痛。

2017 年春节前，涵湘又来湘大看望我。

“你看什么时候去湘雅二医院再做一次体检？”涵湘说。

“对老年人来说，下午腿脚有点肿，睡一夜又好了，这是正常现象。省里规定享受政府特殊津贴的人员，每年去市中心医院体验一次，不必再去湘雅二医院体检了。现在，我一边休养，一边写点东西，其中有一部分就是写你们对我的关怀和厚爱。”我说。

涵湘说：“一定要以休养为主，不要太累了。”

现在，我深深地感悟到同志爱、师生情，是一种能够创造奇迹的力量。它不仅使我心灵上得到了慰藉，缓解了病痛，而且改变了我对疾病的心态。同志们要我面对现实。我面对的现实是，膝盖钻心的疼痛，坐着，站不起来，站着，坐不下去，走路靠起步器，不能上下楼，如厕、洗漱靠家人扶助，此外还有椎间盘突出的疼痛。这是一个方面。另一方面是，我还活着，而且是作为一名老共产党员活着，这是最大的现实。既然活着，就要乐观，就要有好的心态，就要每天活得有意义，就要有共产党人的“精气神”。按照我的理解：

所谓精，就是精华，即对马克思主义的信仰，对中国特色社会主义和共产主义的信念，对党和政府的信任，对人民事业的信心，不怀疑，不犹豫，专一而真诚。“四信”就是中国共产党人的精华所在。这是关键的关键。具有“四信”，并且付诸行动，就是共产党员，不然就不是。

所谓气，就是共产党员的气质和气节，即共产党员必须树立和践行社会主义价值观和道德观。共产党人必须要做全心全意为人民服务的“孺子牛”，严于修身，严于律己，克己奉公，埋头苦干，吃苦在前，享受在后，关心他人比关心自己为重。

所谓神，就是共产党员的精神面貌，就是“精”和“气”在共产党员身上体现出来的活力、朝气、乐观、生机勃勃、神采奕奕。共产党员不能，也不应该暮气沉沉、萎靡不振、得过且过、做一天和尚撞一天钟，应该不断学习、不断改造、不断前进。

对我这个老共产党员来说，人活着，才是主要方面。这就要有共产党人的“精气神”，能做就做一点，能看（书、报）就看一点，能写就写一点，要有意义、有价值地度过每一天。说来也怪，由于我的心态改变，加上药物治疗和女儿玲玲、老伴罗静的精心照料，出院时肿得亮晶晶的两条腿，在家里调养两个多月居然好多了。现在的情况是，下午腿和脚有些肿，睡一夜又好了。膝盖的疼痛也有所缓解。在疾病治疗的过程中，正确的心态确实能起很大作用。我要用共产党人的“精气神”，来谱写自己绚丽的耄耋之年。

命运多舛的儿子

我在前面曾经说过："文化大革命"期间，是坏人和那些一心想当领导而又缺德无才不配当领导的卑劣、贪婪的小人当道，好人遭殃。遭殃的不仅是各级领导，上至国家主席，下至基层干部，就是连一些少不更事的青少年也遭受迫害。

1969 年冬，军宣队工宣队决定将武汉大学哲学系、经济系、中文系、历史系迁移到鄂西北襄阳市郊区隆中创办武汉大学分校。我随系去隆中。当时，名义上我还是哲学教研室主任，实际上，一切工作都由系领导一竹竿插到底，教研室靠边站，叫我干啥就干啥。1970 年秋，荣芳带领两个孩子来隆中，先住林场，后搬到广德寺。我家住的是牛房，过去是用来关牛的，阴暗，潮湿，不通风，终年不见阳光，衣被都是潮乎乎的，而且有一股怪气味。妻子杨荣芳安排在哲学系资料室工作。两个孩子小学毕业后，都在武大分校附中读书。女儿高玲玲，1958 年 3 月 12 日生于北京，性格外向，1975 年 7 月高中毕业（当时高中是两年制），下放泥嘴公社青山大队。玲玲在农村表现很好，不怕苦，不怕累，不怕脏，抢重活干，关心同志，口碑好，曾出席泥嘴公社、襄阳县、襄阳市、湖北省知青代表大会。玲玲靠自己的勤劳和真诚，获得群众的好口碑，我很欣慰。儿子高晓南，1959 年 12 月 22 日生于武汉，性格有点内向，爱学习，爱运动，曾代表武大分校附中参加襄阳市中学生运动会，荣获跳高冠军。1976 年 7 月高中毕业，分配到襄阳市财政局某税务所工作。1978 年元月，高晓南被打成“反党分子”，实行无产阶级专政，吃饭、上厕所都有人监视。

据高晓南说：“1978 年元月 8 日，同事师××（此人当时 26 岁）约我（当时高晓南刚满 18 岁）去他家喝酒，正在喝酒时，所里领导刘××（此人当时 36 岁）来了。三个人一起喝，并相互敬酒，我喝醉了。一周后，刘××在所里召开群众大会宣称：‘高晓南骂共产党；共产党，妈的×，’对我进行批斗，实行无产阶级专政，吃饭、上厕所都派人监视，不准妈妈来看我，并号召大家写材料揭发我。最后把我调到市广播站当电工。”高晓南一直认为，他没有骂共产党，这是冤枉。批斗以后，高晓南消沉、苦恼、烦闷，郁郁不乐，精神萎靡不振。荣芳在世时经常说：“要把南南这个问题搞清楚，还他一个清白。”如今荣芳已驾鹤西去，我有责任了却她的这桩心事。

一天吃午饭时，我对玲玲说：“我想去襄阳找刘××，把南南的问题搞清楚，了却你妈妈的这桩心事。”

“那不行，你的膝盖这样疼痛，行走不便，不能一个人去。”罗静说。

玲玲说：“如果要去襄阳，我看还是罗姨、我和你一块去为好。我的同学都在襄阳，熟人多，便于办事。”

“我们三个都走，南南一个人在家，我不放心。”我说。

“你去襄阳同刘××谈，他不承认，或是说，已经过去几十年了，不记得了，忘记了，你去也枉然。按照我的想法，你不如先打个电话给刘××。”玲玲说。

我打了很多次电话给刘××，不是没有人接，就是说刘××不在家。2016年11月30日12点半左右，我又打电话给刘××，电话打通了。

“你是刘××先生吗？”我问。

“是，你是谁？从哪里打来的？”刘××问道。

“我是高晓南的父亲，电话是从湖南打来的。请问刘先生，1978年元月8日，师××约高晓南去他家喝酒，在喝酒过程中你去了，三人一起喝，并互相敬酒，高晓南喝醉了。一周后，你在所里召开群众大会宣称高晓南骂共产党：共产党，妈的×，对他进行批斗，实行无产阶级专政，吃饭、上厕所派人监视，并号召大家写材料揭发。请问刘先生，为什么一周后才在全所宣布高晓南骂共产党呢？证据是什么呢？”我问。

“这件事，我不记得了。”刘说。

“刘先生，当时你是某税务所的党支部书记，所里群众大会是你主持召开的，是你在大会宣称高晓南骂共产党的，批斗高晓南是你主持的。我现在谈这个问题，不是为了追究责任，而是想把批斗高晓南的来龙去脉和证据弄清楚，也是为了兑现对亡妻的承诺。”我说。

“我退休已经十多年了，许多事的确忘记了。”刘××停顿一会儿又说：“那时的同事可能还有健在的，我去问问他们，把情况搞清楚了，再打电话给你，怎样联系呢？”

我说：“请拨 0731−5829××××，谢谢。”

我事先就曾估计到刘××会说“事情已经过去几十年了，许多事情都忘记了”，“不记得了”。岁月的确像流水一样消逝了。但是，迫害人的事实是不会随着时光的消逝而消失的。过去的事实，就是今天的历史。历史就是历史。人们只能认识它，研究它，却不能消除它。刘××说的“把情况搞清楚了，再打电话给你”，实际上是婉言拒绝。我等了好多天，没有接到刘××的电话。

根据高晓南说的情况，我对师××约高晓南去他家喝酒和对高晓南的批斗，有以下几点质疑：

第一，当时三个人喝酒，刘××是党支部书记，36 岁，师××26 岁。他们都是工作多年，很有待人接物的经验。只有高晓南刚满 18 岁，才出校门，参加工作不过一年左右，没有社会生活经验。身为党支部书记的刘××为什么对这样一个刚出校门的青少年喝酒不加以制止或劝其少喝，而是互相敬酒，看着他喝醉呢？这是他作为一名共产党员特别是一名党的支部书记对待青少年的态度吗？

第二，我怀疑，师××约高晓南去他家喝酒，是刘××同师××事先商定好的，是一个圈套。不然，怎样解释师、高二人正在喝酒时，刘××不早也不迟就来到了呢？难道这真的是巧遇吗？我不相信。这是其一。其二，“高晓南骂党”的材料，是师××写的。这就更加使我相信“约高晓南喝酒”是一个圈套。我怀疑，骂党的话是刘××说的，师××写的。高晓南不会说出那样的脏话。我是共产党员，我在家里经常给两个孩子说：我是从一个放牛娃、流浪学生成长为一名人民教师的，完全是党教育的结果。没有中国共产党，没有党对我的教育，就没有我的今天，也就没有你们。在“文化大革命”期间，尽管那样批斗，两次抄家，监督劳改，我对毛泽东思想的信仰、对党和政府的信任，从来也没有动摇过。从 1952 年到现在，特别是近 40 年来，我矢志于毛泽东哲学思想的教学和研究。近 70 年的历史证明，我是马克思列宁主义、毛泽东思想、中国特色社会主义理论坚定的信仰者。我是一名共产党员，又是一名大学教师，我家里没有说脏话的陋习。高晓南就是在这样一个家庭中长大的。他不会骂共产党，说他骂共产党，我也不会相信。

说高晓南对“文化大革命”不满，说些怪话，这很可能，我也相信。因为“文革”一开始，我就被打成“黑帮”，他的母亲因为是“黑帮”家属，被送到随县（现称随州）山区劳改。这些对高晓南都会产生一定的负面影响。但是，绝不能把对“文化大革命”的不满，说成是对共产党的不满，说成是辱骂共产党。把“文化大革命”同共产党等同起来，在理论上必然要作出这样荒诞不稽的结论：反对“文化大革命”，就是反对共产党。这就意味着“文化大革命”是正确的，要一直搞下去，人民就永远不能安居乐业，建设中国特色社会主义就永远不能梦想成真。

第三，如果高晓南真的辱骂了共产党，作为支部书记的刘××，为什么不及时找高晓南谈话，严肃指出问题性质的严重性？为什么在一周后才开批判大会呢？众所周知，在狠抓阶级斗争的那个年代，尤其是在“文化大革命”时期，天天都在抓阶级斗争，两三个人在一起谈话，用印有毛泽东图像的报纸包东西，不小心将小红书《毛泽东语录》掉落在地上，都被看作是阶级斗争新动向。高晓南辱骂共产党，能够拖到一周后才开始批判吗？不可能，绝对不可能。我是亲身经历“文化大革命”的，当时是大事不过夜，像辱骂共产党这样性质严重的大事一出现，大字报马上就会铺天盖地，接着就是大会批、小会斗，哪能拖到一周后才开始批斗呢？这不像那个年代的作风。这个“不像”，从另一个侧面也说明了在批斗高晓南之前是有所谋划的。

综上所述，我认为，师××约高晓南去他家喝酒是一个圈套；师××写的材料，是按照刘××的意图写的，是伪证；批斗高晓南是刘××为了达到某种目的，或者说，为了获取某种利益而谋划的。究竟为了什么目的或利益，我不知道。但是，有一点可以肯定：凡是卑劣、无耻、贪婪害人的小人，从古至今没有一个有好下场。在“文革”期间，那些坏人和卑劣、无耻、贪婪的小人，已经被历史永远钉在耻辱柱上，无论他们怎样抵赖、狡辩，玩弄什么花招，也不可能把自己从耻辱柱上解脱下来，这就是历史。

1980年，高晓南调来湘潭大学，环境虽然改变了，但他依然郁郁不乐，寡言少语，心里总是闷沉沉的。两年后，情况日益恶化，主要表现在如下几个方面：

一是一个人在房间里自言自语，有时两眼直直地瞪着，坐在那里发呆，有时吼叫，有时哭泣。

二是怀疑，不相信人，总觉得有人在监视他、跟踪他。有时他说：“有人到我的房间来了，地板上搞了好多水。”有时又说：“有人又在我的房间翻找什么东西。”儿子甚至对我也怀疑。20世纪80年代中期，他妈妈住院，想吃稀饭，要我给她熬点粥。我把粥熬好了，要他送去。走到路上，他怀疑粥里有毒，竟然将粥倒了，而且不止倒一次。

三是幻听。南南总是听到有人时时在同他讲话，吵得他坐不安，睡不眠，不能正常工作，不能看书，所以他非常烦躁。他把这个“人”，叫作“阴阳人”。我问他：“同你讲些什么?”他说：“要我入党。你看我这个样子，工作不能好好地工作，有资格入党吗?”我再问他：“还讲些什么?”他说：“有时说，有人又在搞我。”然后又自言自语：“我是工人，又没有做坏事，我不怕你搞。”1983年12月，他独自一人去湘潭市信访办说；“有人在我的耳朵里说话，吵得我不能安宁，不能工作，不能学习，请你们帮助我解决这个问题。”信访办打电话给学校保卫处，保卫处又打电话给我，要我去信访办接人。我走到六路车站，看见南南提着一篮菜回来了。时隔不久，南南又去市中级人民法院，说了同样的话。法院的同志说：“你请回去。你找错了门，你应该到医院去，不应到法院来。”

尽管这样，南南却很理智，从不吵闹，该上班就上班，下班回来就在自己房间里看书，读英语。我记得，1985 年，他翻译一篇豆腐干大的小文，刊登在《湘大学报》上，还给他三块钱稿费。南南兴趣很广，爱买书、爱学习围棋，爱听欧洲古典音乐，爱欣赏字画，爱照相，爱写日记。但他毕竟是一个病人，可惜都没有坚持下来，只有写日记一直坚持到今天，几十年如一日。据南南说：“日记已经写了两百多万字了。”

1984 年春节后，我把南南的这些情况对校医院谭医生如实地讲了。她问：

“南南过去是否受过刺激？受过怎样的刺激？”

“受过刺激。‘文革’时期，遭受迫害，又批又斗，没有行动自由。那个时候，他刚刚满 18 岁。”我说。

“你必须带他到长沙雨花区湖南省精神病医院去看看。我有一位同事在那里工作，她姓苏。我给你写封信，直接去找苏医生。”谭医生说。

我从校医院回来后，就把谭医生的意见告诉了荣芳，并商定把医生的意见，直接告诉南南。幸好，南南很理智。他说：“有病治病，现在我很痛苦。我愿意去。”

3月初，我和贺福安（哲学系第一届毕业生、留系工作）带南南去长沙湖南精神病医院，检查结果为幻听，是精神分裂症的一种，必须住院治疗一个疗程（3个月）。因为南南很理智，配合治疗，所以在病室里比较自由。南南在住院期间，我去看过他几次。他的主治医生是汪向一。我曾问过汪医生：“这种病能不能治好？”汪医生说：“有的人治好过，同正常人一样。南南很理智，他认为幻听说的是虚构的，是假的，他不相信，不听幻听所说的，这就很好。经过一段治疗，他完全可以同正常人一样生活和工作。如果病人相信幻听所说的，并按照幻听所说的去做，那就很不好治，也很危险。”经过一个疗程的治疗，南南回来了。我叫他在家里休息一天，他没有同意，第二天就去上班了。

几十年来，南南的病情总的趋势是朝好的方向发展。但是，这个过程不是平坦的，而是曲折的，是在曲折、反复过程中，逐渐好转的。有时一年半载都很好，有时幻听又严重些。一旦严重些，南南就自觉地去湘潭市第五医院住院，短则个把月，长则两个月。

一天上午，南南对我说：“爸爸，最近幻听吵得很厉害，很烦躁，我要去住院，治疗一段时间。”

我说：“妈妈病了躺在床上，需要照顾，不能陪你去。我请一个同志陪你去。”

“不要。五医院二病室的医生、护士，我都很熟，不要人送。”南南说。

南南一走，我很不放心，立即跑到阳台上，望着孤零零的病儿的背影，渐行渐远。我内心十分悲痛，满眼泪水，什么也看不清楚了。

20 世纪 90 年代，有一段时间，儿子住在湘潭市第五医院，在郊区，妻子住在湘潭市中心医院，在市里。我每周要去看儿子两次，每天都要去看妻子。如果乘公交车去第五医院，等车转车就要两个小时，一个来回，整个上午就过完了，只好开辟新路。我从湘大出发，朝着第五医院那个方向走，边走，边问，边跑，也走出了一条新路，只要个把小时就可以走到第五医院。去看南南的前一天，就把他要吃的菜准备好，第二天很早起来再把菜煮好，六点钟就往五医院走，到医院里，南南也刚刚开始吃早饭。

我问他：“心情怎么样？既来之，就要则安之。你很理智，认识到幻听是一种病，需要治疗。我觉得，有了这种认识，病就有治好的希望，你要有信心。”

“心情好些了，不那么烦躁了。我会配合医生好好治疗。你做的狮子头好吃，很好吃。”

我看着南南吃狮子头时那种喜悦的表情，很欣慰，也忘却了疲劳。我问：“下次来带饺子给你吃，好不好呀？”

“好，就是你太累了。以后一周来看我一次就行了。”南南说。

说句老实话，在20世纪90年代，我也的确感到很累，那时，我已是古稀之人了。但是，我是一个唯物主义者，从不怨天尤人，也从不谈什么命运，只讲面对现实。我面对的现实是：首先，我是一名教师，其次，我是妻子的丈夫、儿子的父亲。因此我应该把课讲好，使学生、研究生学有所获；应该把病妻、病儿护理好，使他们母子早日康复。这样，才不愧为人师、为人夫、为人父。

近些年来，南南的思想发生了一个很大的变化。这就是：他能够自觉地、主动地关心人。比如，他经常问我："昨夜睡得好吗？血压高不高？"我说："睡得好，血压也正常。"他就伸出大拇指，表示点赞。有时还给我买面包、花生酱、芝麻酱。我看到他的这些行为，非常高兴。我高兴的不是因为吃了他买的食品，而是看到了南南的病情朝着好的方向发展的一个重要的标志——关心人。

南南的病情之所以能够稳定，逐渐走好的趋势，究其原因主要有三：

(1) 组织上的照顾。南南经常说："我有精神分裂症，图书馆各级领导都知道，他们从不歧视，从不嫌弃，而是根据我的情况分配适当工作。没有图书馆各级领导的关怀，我的病不可能有这样稳定。我感谢他们对我的关怀。"组织上的照顾，是南南的病情稳中逐渐走好的根本原因。

(2) 南南很理智，知道幻听是一种病态，是精神分裂症的一种。他从来不相信"阴阳人"所说的一切，也不讳疾忌医，而是主动地、自觉地去医院治疗。

(3) 要有一个亲切而温馨的家。家人要尊重病人的思想，即使是错误的，也要等病人心情平静后再同他谈，绝不能对着干；要真心关怀他、呵护他；要多鼓励，多点赞。总之，要使病人真正感到家的亲切和温馨。

怀念亡妻

妻子杨荣芳

荣芳去世已有16个春秋了。在这些岁月里，尤其是我独自一人坐在人去床空的卧室里，看着我和她过去共同用过的器物，自然而然地就回忆起我和她48年夫妻生活中的点点滴滴，酸甜苦辣都有，有欢乐、幸福，也有不和、痛苦，有爱恋，也有厌烦，有时笑容常在，有时又愁眉不展。多少事，总难忘。“才下眉头，却上心头。”不和、厌烦，都怨我。我有愧于荣芳。究其原因，主要有四：

第一，我们在婚前接触、相处的机会太少了。

妻子祖籍江苏淮安，长期居住在无锡，为人善良、忠厚、本分，从不串门走户，善于勤俭持家。我同她走到一起成为夫妻，不是恋爱的结果。也不是因为同学、同事的关系，而是由于她的二弟杨自立的介绍。我们首先互相交换照片，两人认可后，开始通信。当时我正在北京中国人民大学攻读政治经济学硕士，1952 年 7 月毕业。在这两年中，我们通了很多次信。现在看来，信上谈恋爱，就同纸上谈兵差不多，得到的认识是表面的、肤浅的，有时甚至是不真实的。要想真正了解、认识一个人，就非要同他直接接触一段时间不可。只有经过亲身体验，才能获得对这个人的真实认识。

我硕士毕业后，荣芳寄来旅费，要我去无锡见见面。我在她家住了两天，游玩了太湖，吃了无锡的著名特产肉排骨，而且荣芳的娘，每餐都烹饪带有江南口味的菜肴给我吃。两天的接触，我认为，荣芳姿容端丽，也谈得来；而她和她的娘也认为我人好。这样，我们就把婚订了。1952 年冬，荣芳来北京一次，在招待所也住了两天。1953 年 6 月调来北京，安排在中国人民大学夜大办公室工作。同年 6 月 30 日，我们登记结婚。这就是说，我同荣芳在结婚前，在一起相处的时间总共不过四天。当时彼此之间并没有流露出真切而深厚的爱恋之情和倾慕之心。

那个时候，结婚非常简单，不像现在这样讲究，铺张，豪华，必须要有新房子、新家具和小汽车，而且需要大摆筵席，筵席越多，就显得越高贵，越气派。我们结婚，只要有一小间房子，有一张用板子搭的床，两个人的被褥放在一起就行了，不送红包，不请客。同志们凑几块钱，买点水果糖、花生、瓜子，大家围坐在一起，吃吃、谈谈、唱唱，高高兴兴、嘻嘻哈哈，这就是我们的结婚彩礼。

沧南与妻子杨荣芳合影

第二，性格的差异。

我和荣芳的性格、脾气、阅历截然不同。我外向，急性子，说干就干，说走就走，有干劲，上进心强，而且长期过的是流浪学生生活，很少有家的观念。荣芳内向，慢性子，做事慢慢腾腾的，你急她不急。比如，我们上街买东西，荣芳总是这家看看，那家问问，要看、要问几家，才能确定买不买，到哪一家去买。我很不适应这种购物方式，既劳倦，又费时。每次上街，我都是气冲冲地先回来。以后，干脆就不同她一道上街了。有人说，夫妻之间性格的差异，是可以互补的，但是要耐着性子适应。要么，急的适应慢的；要么，慢的适应急的。这就要求必须做到能忍耐，受得住，禁得起。可是，这一点是很不容易做到的。荣芳做事虽然慢悠悠的，但是，不论在家里也好，在办公室也好，她都搞得干干净净，整理得井然有序。而且她买的东西，总是买得实惠，又好又便宜。她的这些优点，我和两个孩子都没有学到。

第三，我没有主动地、积极地做沟通思想工作。

夫妻共同生活，需要经过一个相互适应、相互协调的磨合过程。特别是我和荣芳的结合，就更需要一个较长的磨合过程。我觉得这是一个沟坎。跨过这个沟坎，夫妻俩就能心同意合、相亲相爱、夫唱妻和、妻唱夫和、幸幸福福地过上一辈子。跨不过这个沟坎，日子就难过了。我和荣芳就没有跨过这个沟坎。我们共同生活了 48 年。前 13 年，是在心不同、意不合中度过的；后 35 年，是在“文化大革命”和她的病痛中度过的，前 13 年的不幸，是我造成的，责任应该由我来负。现在回忆起来，我当时年轻，工作积极，有干劲，要求进步，又是研究生毕业，总觉得同荣芳结为夫妻有些不相称。按理说，我们既然成为夫妻，作为丈夫的我，就应该有宽容的胸怀，有气量，不计较；就应该主动地把我对她的看法如实地讲出来，不应该闷在心里。我不但没有同她交谈过一次，而且采取回避的态度。当时，我住在北京西郊，荣芳在夜大办公室工作住城里，我经常借口课多，忙于备课，星期六下午不回去，即使回去，也磨蹭到很晚，第二天吃过午饭就返回西郊。尽管这样，我每次回去，荣芳总是为我做些好吃的。但是，心不在她，食而无味。

第四，我没有为她争取馆员职称。

论条件，荣芳从事了二十多年图书资料工作，申报馆员是够条件的。当时，馆员申报工作由人事处办理。我是哲学系系主任，荣芳在哲学系资料室工作，而资料室又有好几位资料员，我不应该、也不能为自己的妻子去争取馆员职称。这一点始终没得到荣芳的谅解。

我们之间感情的转变，是在“文化大革命”时期。那时我们已有两个孩子了。

“文化大革命”开始没有几天，我就被“造反派”揪出来打成“黑帮”，罪状有三条：

一是“特务”，九次潜入解放区刺探军情；

二是反革命修正主义分子；

三是暗中施展“美人计”，陷害革命同志。

前两条，我在前面已经讲了。这里仅就“美人计”这个问题作点说明。

从左至右：岳母王敬明、妻子杨荣芳、女儿高玲玲、儿子高晓南

1964 年，荣芳的小妹琹芳高中毕业，当时因为家庭成分是地主，不能考大学，又找不到工作，我曾劝她到新疆生产建设兵团去闯一闯。她果真去了。岳母娘一谈到琹芳去新疆就很不高兴地说：“小琹去

新疆就怪沧南。”岳母是一位善良慈祥、对人宽厚的老人，很喜欢我，我也很敬爱她。老人双耳失聪。我总是大声地叫她：“娘，娘。”老人微笑着说：“你说什么呀。”岳母在我们这里住过两次。一次在北京。她很喜爱玲玲。当时七舅妈还健在。她俩经常在一起闲聊。有时在一起做些南方小吃给我们吃。一次在武汉，住了两个月。1984 年，老人病逝无锡。

1969 年，杨栞芳从新疆回来，先去无锡看望老娘，1969 年秋来武汉大学住在我家。有一位杨老师说：“老沧，你的小姨子从新疆回来后，又找不到工作，不如给她介绍一个对象，让她结婚好了。”

我说：“这个点子可以考虑。但是，我不能作主，让我回去同她姐姐商量一下再谈。小姨子长得很漂亮，介绍给谁呢？”

“系里的段启咸，你看怎样？”他说。

段启咸过去是我的学生，毕业后是李达老校长编写组的成员，共产党员，家庭成分是贫农，为人正派、忠厚，敢作敢当，有一定的写作能力。我把杨的点子和我对段的看法，都讲给荣芳听了，她表示同意。一天，我就邀请段启咸、小姨子和我们一家去逛东湖公园、吃饭。回来后，我问小栞：“你看怎样”？“不同意。”她说。当时，“两队”已经进校，我和荣芳都集中学习，睡在学生宿舍，在食堂吃饭，家里只有两个小孩和栞芳。段启咸发扬了“滴水穿石”的精神，不断地去找栞芳，终于把小栞的心“滴穿”了。他们于 1970 年春在武大结婚，两口子恩恩爱爱。日子过得非常之好，生育了一女一儿，他们的儿女都很有出息。深感惋惜的是，启咸已病故。这就是“造反派”所说的“美人计”。

“文革”中许多家庭都发生了悲剧，有的夫妻双双自缢，有的家破人亡，有的被迫离婚，有的妻子不让丈夫上床睡觉。荣芳待我一如既往，从不生气，不说怪话，照样做点好的给我吃。一天夜晚，两孩子都睡着了，万籁俱寂，她的卧室里静悄悄的，只有我同她两个人。她说：

“我们结婚已经十三年了。尽管这十三年的日子过得磕磕碰碰，很痛苦，我曾哭过多次。但是，我们毕竟是夫妻，你毕竟是两个孩子的爸爸。你放心，今后不论出现什么情况，我都不会离开这个家，不会离开你。我这辈子就是你的妻子。我想了很久，最坏的情况，就是把你发配到偏远山区劳动改造，我也一定带着两孩子跟你一块去。只要一家人在一起，就是一个家。这就是爱，再苦也是幸福的。爱，就是一家人生活在一起，一个也不能少。”

“他们说你是‘特务’，这是有意陷害你。我根本不相信。人民大学审干、你入党，内查外调，搞得那样严格，都没有发现问题。我们来武大才几年，你就成‘特务’了，我死也不相信。你是个好人，就是脾气不好。我相信，好人批不坏，坏人说不好。”

荣芳还说：“我只有一个要求，你要好好地活着，千万不能胡思乱想。如果你走了，我一个女人怎样带着两个孩子嘛？怎样把他们培养成人嘛？不管怎样批，你都要挺住。”说到这里，荣芳哭了。我也泪眼蒙眬。

现在回忆起来，我与荣芳在“文革”中的转变，乍看来，并不是由于相互爱慕，而是由于“怕”。我怕她离开这个家，她怕我自尽，搞得家破人亡。其实，这就是爱。“怕”，就是爱在当时那种环境下的具体表现。

1977 年 10 月，我自愿来湘潭大学任教，荣芳和两个孩子于 1980 年来湘大。荣芳安排在哲学系资料室，搞她的老本行图书资料工作。她来湘大没两年，就老觉得肚子痛。校医院诊断为盲肠炎，总是给她打消炎针，有时给她打点滴，一打就是半天。1984 年元月，她去湘潭二医院检查，诊断为肚里有一个大肿瘤，必须马上手术。据手术大夫说：取出的肿瘤约十斤重。万幸，是良性的。我请了一位护理工照顾荣芳，每天下午去看望她，乘末班车返校。荣芳出院后，经常病痛。可以说，她后半生的生活是与病相伴的。

1992 年 10 月，荣芳不幸被自行车撞断了股骨，在湘潭市中心医院手术。手术后一二十天，她总是说，大腿疼痛，而且红肿。照片发现人造骨插进大腿肉里去了。这是一次医疗事故。院里召开外科医护人员大会，要我参加。一位副院长问我：“沧教授，你有什么要求？”

我说：“我是一位教师，从主观愿望来说，总是想讲好每一堂课。但是，难免不发生一些问题，不是理论联系实际不够，就是理论上的论述、分析不够深透。我想，我们的医生也是这样的。他们总是小心谨慎地为病人治疗，希望病人早日康复，但也难免不发生这样那样的问题。因此，我的唯一要求，就是希望医生之间不要相互埋怨，相互指责，而是要坐下来，心平气和地总结一下。总结经验的目的，不是追究责任，而是为了提高我们的治疗本领，更好地为病人服务。”

2016年元月，我去湘潭市中心医院骨科看膝盖疼痛，给我看病的梁大夫说：“沧老师，我认识你。你可能不认识我了。二十多年前，你讲的话，现在我还记在脑子里。”梁大夫说的“你讲的话”，就是我在上面写的那一段话。那时他是一位年轻的骨科大夫，如今已是一位专家了。2016年2月中旬去湘雅医院看腿病，梁大夫帮了很大的忙。谢谢你啊，梁大夫。

荣芳第二次手术，是从湘雅医院请来一位专家做的，手术很成功。拆线后，又住了几天。医生说，现在病人可以回家休养了。荣芳行走不方便，回来后，基本上卧床休养。病腿渐渐好些，她拄着棍仗可以走几步，我就买了一辆手推轮椅车，有时推她出去看看，有时她自己可以下楼出去走走。可是，别的病又来了，而且来得更可怕。

1998年初冬的一天早晨，荣芳叫我：

“沧南，你来看，我的衬衫靠近乳头怎么有一块浓厚的黑色痕迹?”

“你再换一件衬衫，看看明天有没有。如果还有就赶快去医院检查。”我说。

第二天早晨，荣芳一看又有一块浓厚的黑色痕迹。

“你摸一摸乳房有没有肿瘤？痛不痛？”我问。

荣芳摸摸乳房说：“没有肿瘤，也不痛。”荣芳挤一挤乳房，乳头就流出浓厚的黑色汁液。她说：“这很可能是乳腺癌。”

“你快点起来，洗漱一下，我们去医院。”我说。

住院后，通过检查、化验，诊断为乳腺癌，并且是中晚期，必须尽快手术。手术后，没有做化疗。据医生说：病人身体太虚弱，不适宜化疗。我请一位护理工人照顾她。同时玲玲也来了，并负责给她妈妈做两顿饭菜。荣芳在医院住了一个多月，回来后就由我来侍候。在家住了约十一个月，1999 年冬，荣芳觉得腰痛、坐骨痛，而且越来越痛。我带她去中心医院检查，诊断为乳腺癌转移为骨癌。治疗一个阶段后，医生说：“病人生命只能维持六个月，你可以带她回湘大医院治疗。”

从左至右：外孙女钟夏平、沧南、杨荣芳、高玲玲、高晓南

2000年端午节前后，荣芳回到湘大医院，病情日益恶化，三个月后，双目失明，骨头疼痛厉害，每天都需要打吗啡，最初是一天一针，后来是一天两针，有时甚至打三针，再以后就改用杜冷丁，也止不住癌痛。但是，荣芳非常坚强，从不哭喊。七月初十是她76岁生日，我在食堂炒了四个菜，我们一家和外孙女毛毛（钟夏平）在病房祝她生日快乐，早日康复。我清楚地知道，这是荣芳的最后一个生日，我们吃的是“死别饭”，内心深感悲痛，泪眼蒙眬。嗣后，荣芳时而清醒，时而昏迷。一清醒，她就说：“我最放不下心的是南南，我死后，你要好好照顾他。他有病，不能正常上班，你不要生他的气。我存了十万块钱，就是留给他的。”

“你放心，两个孩子我一定好好照顾。我会省吃俭用为两个孩子攒一点钱。”我说。

她还对玲玲说：“我死后，要戴帽子，要穿七件衣裳，你给我准备好。弟弟有病，你要好好照应，你爸爸年纪大了，也要好好照顾。”在荣芳即将走到她的生命终点的时候，也没有忘记我，要玲玲好好照顾我。这就是爱。写到这里，我深感内疚，又泪眼蒙眬了。

2000年12月25日，上午9时，荣芳走了，永远地走了。荣芳在世时，尽管病痛躺在床上，我从外面回来叫一声“杨大姐”，她躺在床上微笑着说：“你回来了。”我就觉得家是一个温馨的家，有阳光，暖洋洋的。如今，荣芳走了，一进家门就觉得空荡荡的、冷冰冰的，房间里没有一点生气。人去床空、哀思、悲戚，“别是一番滋味在心头。”

从 1984 到荣芳病逝，在这 16 年中，荣芳基本是在同病魔作斗争。她在医院里，有玲玲和护工护理。回家来调养，我就没有请人了，一切都由我自己来做。一早去买菜，回来就做早饭给荣芳吃。七点半钟准备去上课。下课回来，首先倒便盘，有时我开玩笑说：“端屎倒尿何时了，臭气闻多少。”她说：“这就是缘分。”然后洗菜做饭。下午，夏天就给她擦澡，冬天就给她洗脚。当时我还没有买洗衣机，衣服、床单都由我来洗。为了洗衣被，我特地请吕涵湘从衡阳买了一个大木盘。十多年来，我都是这样做的，而且是诚心诚意，毫无怨言。我想用这种方式来弥补年轻时的过失。很遗憾，始终没有得到她的谅解。据玲玲说：“妈妈在病中，只要讲到你，就讲你年轻时的好强、冲动和对她的伤害。”荣芳，我们共同度过了几十年风风雨雨的困苦生活，不能没有感情，心里不能没有爱，只是爱而不言罢了。我们之间虽然有时也有厌烦，但是，始终厌而不弃。20 世纪 50 年代初的小两口，不同于今天的小两口。今天的小两口，好的时候，亲密无间。走路搂着走，吃苹果，女的吃一口，男的吃一口，不好的时候，就离，“拜耶、拜耶”。那个时候的小两口，是爱而不言，厌而不弃。爱而不言，厌而不弃，这就是我们这一代人在夫妻关系方面的一个特点。这是一种境界，也是一种情操。如今值得告慰你的是，我年轻时的那些臭毛病，在党的教育和同志们的帮助下已有很大改进，而我和两个孩子的关系都能做到相互理解、相互关怀。安息吧，荣芳。

在这里，我要衷心的感谢宋素琴同志。宋素琴，河北人，中共党员，湘潭大学哲学系的教师。20世纪90年代，她攻读毛泽东哲学思想专业硕士。刻苦钻研，事业心强。我们是师生关系，又是朋友关系。她对荣芳和儿子南南的病深表关切。荣芳住院，她送过饭。荣芳在家休养，她擀面、包饺子给荣芳吃。素琴问："好不好吃？"妻子说："好吃，很好吃。"素琴笑着说："下次再做给你吃。"妻子说："素琴，太麻烦你了，真是不好意思。"素琴说："不麻烦，我年轻一下就做好了。"素琴调离湘大后，有时还寄些药物来。

荣芳去世后，有的女士打电话来或写信来，表示愿意来我家做保姆，我都一一婉言谢绝了。有一天，我散步回来，在路上碰到邻居李晶的爸爸，他对我说："我给你介绍一个好女

从左至右：沧南、杨荣芳、宋素琴

人。”李晶的妈妈黄老师和袁婆婆也这样说。她们说：“这个女人就是李晶家里带柔柔的保姆，叫罗清莲，为人正派、老实、勤劳、能干。虽然她是农村人，但是她的言行、模样同城里人一样。”并且说：“她过去曾是彭爱莲的嫂子。你可以去问问彭爱莲。”我任哲学系系主任时，彭爱莲曾是哲学系资料室的资料员，我们之间关系很好。一天下午，我找到了彭爱莲，直截了当地就把这件事告诉了她。彭爱莲说：

“过去她是我的嫂子，后来同我过继来的哥哥离婚了。这不怪罗姐。罗姐人好，孝顺长辈，老实能干。找她就找对了。”

“我年纪大了，恐怕不合适。”我说。

“你要找就需要找这样的女人，年纪要小一些，好帮你做事。”彭说。

彭爱莲的话，我很相信，就决定同罗先接触接触。通过李晶和她妈妈的介绍，我认识了罗清莲，晚上散散步，谈谈各自的家庭情况。李晶和她妈妈也有意识地创造一些条件，让我们有机会多接触。通过接触了解，我们于 2003 年元月 24 日登记结婚。婚后，我将罗清莲的名字改为罗静。

就组合家庭来讲，我和罗静的组合算是好的。有人说，湘潭大学的组合家庭，好的只有两家。其中一家就是我和罗静的组合。组合家庭，关键在于一个“合”字。“合”，就是合得来，心同意合；就是对双方来讲，都划得来，合算，都值得。俗话说：“嫁汉嫁汉，穿衣吃饭。”这就是说，男方不仅要搞好目前的女方生活，按事前双方商定的，该给的就给，而且要为女方安排好自己百年之后的生活。这就叫关怀。这是问题的一个方面。问题的另一个方面是，女方不要插手男方的经济。男方愿意讲，你就听着，不愿意讲，你就别问。这就叫理解。如果组合双方能够好好地把握这两点，这个组合家庭，就是一个和谐幸福的家庭。我和罗静相处合适，能够相互理解、相互关怀。玲玲说："只要爸爸和罗姨和睦相处，融洽相爱，我就高兴，就快乐，我就有一个幸福而美满的娘家了。"罗静对玲玲和南南很关怀，两个孩子对她也很敬重。罗静的两个女儿彭英、彭亮和她们的爱人都很懂事，对我也很厚爱，过年过节总是来看望我们，并且时常打电话来问好。我们之间的关系很好。如今我有这样一个家庭，也是我走近人生边缘的一种享受和幸福。

罗　静

辛劳一辈子的阿妈

母亲熊世英

生我、养我的是母亲。我就是吮吸着母亲的乳汁，在她那温暖的怀抱里一天天长大的。后来听母亲说："小五子，你长到一岁多，还要吃奶，不给你吃，就又哭又闹。你11个月还站不稳，就想走，脚一动就摔一跤，脚一动就摔一跤，趴在地上哇哇叫，我把你抱起来，把奶头塞进你的小嘴里，就不哭了。等到你能走路时，又不愿走了。一走就要我抱，不抱，就赖着不肯走。"长大后，我就把母亲叫阿妈。

阿妈姓熊，名世英，安徽合肥市乡下人，1891年出生在一个世世代代靠种田为生的农民家庭。阿妈不识字，不知书，没有见过世面，不善会说能道。但是，阿妈知道在什么时候应该做什么和怎样做，却不知道为什么要这样做。阿妈善良、慈祥、宽厚、温和，做得多，说得少，是一个地地道道的质朴农村妇女。阿妈生育了五个子女。

姐姐排行第三，我们叫她三姐，1935 年出嫁。那时我还小，不懂事，没有去过她的家，也没有见过姐夫。三姐很不幸。后来听说，她嫁给的是一个患羊痫风（羊角风）的病人。她想到同这样一个经常突然昏倒在地，全身痉挛、口吐白沫的病人生活在一起，非常恐惧、痛苦，生不如死。最后走上了不归路——自缢。在那个年代，这或许是她解脱的唯一办法。

我们这一代为“家”字辈。一家之计在于和，家和万事兴。

四哥高建平、四嫂甘玉华

哥哥排行第四，我们叫他四哥，名家祥，过继给大房。1936 年，四哥在合肥市正谊中学读初一。1937 年冬，我们一道逃难到皖南黄山。1938 年，四哥在屯溪考取了南京安徽中学徽州分校，读了两年，为生活所迫，他改名建平，在屯溪报考并被录取报务员培训班，结业后，先后分配在屯溪、绩溪、河沥溪（现称宁国市）电报局工作。抗日战争胜利后，四哥调派安庆、南京、宣城电报局工作。四哥于 1991 年病逝。他的四个儿子和儿媳都是中共党员，有所作为，功成事遂。如今都已儿孙三代同堂了。

我，排行第五，小名叫小五子，学名家贵。如前所述，为了读书和革命，我不仅两次改名，而且把姓也改了。在中国姓沧的，可能就只有我一个人。我有一女一子，他们还是姓高。女儿高玲玲，高中毕业，下放农村，工人，已退休。女儿非常关心我的衣食住行。她有一个女孩钟夏平（毛毛），大学毕业，聪明能干，工作认真负责，爱学习，在湘潭市一家房地产公司任职。儿子高晓南，“文革”遭受迫害，精神一直萎靡不振，现在湘大图书馆工作。

大弟排行第六，名家志，1941 年投奔新四军，参加过抗日战争和解放战争。1953 年因病复员回乡。2002 年病逝。

小弟排行第七，名家德，住郎溪戴杨村一直务农。他的六个孩子都是进城务工人员（老五在工作中不幸伤亡）。听说他们的生活都很好，都有别墅式的小楼房，而且都很孝顺。

阿妈为这个家，为她的儿女，历尽千辛万苦，默默地辛劳了一辈子。

在我们家里，阿妈起得最早，睡得最晚，是最辛苦、最劳累、最忙碌的人。尽管我 13 岁离开阿妈，可是，阿妈做的那些事，却永远铭刻在我心中。我闭着眼，它们就一件一件非常清楚地呈现在我的眼前。

种菜：在戴杨村，我家门口有一块地，一有空闲，阿妈就去锄草挖地，整平为长方形的一块一块的菜畦，按照不同的季节栽种各种蔬菜，如菠菜、青菜、辣椒、芫荽（通称香菜），等等。阿妈很懂得“人哄地皮，地哄肚皮”的道理，所以，她经常在菜园里忙来忙去，不是拔草、松软菜畦，就是浇水、上粪。园里的菜长得郁郁葱葱，特别是雨后的菜园，显得更加青翠可爱。我家吃的菜，都是阿妈一棵一棵栽种的。

做饭：父亲去世后，一家生活全靠阿妈支撑。今天吃稀饭，还是吃菜糊，或是吃糠粑（糙米加工后的糠，一般用来做喂养家禽、家畜的饲料），都由阿妈决定。凡是阿妈做的，尽管是糠粑，吃起来也是有滋有味的。偶尔吃一次干饭，阿妈总是让我和两个弟弟吃，她少吃，甚至不吃。

记得父亲在世时，每年蚕豆成熟了，阿妈就用针线把新鲜蚕豆一个一个地串联起来，放在饭锅里蒸，饭熟了，蚕豆也蒸熟了。她把一串蚕豆挂在我的脖子上，我走一步吃一颗蚕豆，那种幸福感、欢乐感是现在的小孩无法理解的。

洗衣：现在洗衣很简单，把要洗的衣服往洗衣机里一丢，放进适宜的洗衣粉，把电门一放就行了。90 年前洗衣，特别是贫穷人家买不起肥皂洗衣就更辛苦了。我记得阿妈洗衣从来没有用过肥皂。她洗衣总是先用稻草把水烧烫，等火完全熄灭后，把稻草灰放到筲箕里，再将锅里的烫水倒到筲箕里，阿妈就是用这种稻草灰过滤的水来洗衣服的。阿妈有时也用皂角洗衣，先用棒槌把皂角砸碎，然后把砸碎的皂角放在衣服上，反复地搓来搓去，最后再到池塘去清洗。

做衣鞋：夜晚，阿妈就坐在微弱的桐油灯光下，低着头，弯着腰，为我们姐弟缝补衣裳，有的衣裤是补了又补，补丁加补丁。阿妈手中线，儿女身上衣。我们穿的衣和鞋，都是阿妈在微弱的桐油灯光下一针一针缝制的。

做年饭：俗话说：大人盼种田，孩子盼过年。我小的时候，就是盼过年。因为只有过年才能吃到平时一直想吃而又吃不到的红烧肉。尽管家里很穷，可是阿妈在过年前两三个月就靠卖鸡蛋攒些小钱，到腊月二十几，去飞里桥镇买两斤肉，红烧给我们吃。阿妈烹制的红烧肉好吃极了。有时过年，阿妈还要杀一只鸡。我记得，有一年年三十，阿妈在厨房叫我："小五子，来给我烧把火。"我坐在地上烧火，阿妈说："过年，我杀了一只老母鸡，很肥，有一大块油，你烧火，我把油炼出来，油渣给你吃。"黄黄的鸡油渣，吃在嘴里油滋滋的，香喷喷的，真是好吃极了。

阿妈经常对我说："小五子要念书，要念书。"阿妈是个不识字、不知书的农家妇女，家境又贫寒，为什么要我念书呢？我琢磨：很可能是阿妈在给富有人家洗衣被时，知道东家都是读过书的人，他们的子女也都在读书。因而觉得自己的儿子也应该读书，但她却不知道为什么要读书。我上小学读书就很自觉，很努力，每天一早就到学校去早读。当时学校有个规定：哪个年级的同学来得早，就把他的名字写在显而易见的小黑板上，予以表扬。我的名字经常出现在显而易见的小黑板上。

"小五子要念书。"阿妈虽然讲不出为什么要念书，但是"要念书"却在我的心田生了根、发了芽，终身受益。我辗转各地读书的动力，就是阿妈说的“小五子要念书”这句话，直到现在阿妈说的这句话，还在激发我读书的热情。

我记得上小学四年级的时候（1936 年），学校决定建立童子军，要做童子军服，每人要交一块钱。那个时候，一分钱是三个铜板（铜板不是古时用的铜钱，铜钱中间有一个正方形孔，外圆内方。铜板没有正方形孔），一元可兑换三百个铜板。一百个铜板为一吊钱，一元就是三吊钱。这对我们家来讲，就是一个天文数字。我向阿妈要一元钱。阿妈说：“没有。”我说：“同学们都穿童子军服，我不穿，怎么上学嘛。”为了这一块钱，我在阿妈面前哭了好几次。最后阿妈还是东拼西凑了三吊钱给我。后来，我知道这三吊钱是向几位东家预支的洗衣工钱。

现在回忆起来，感到非常非常内疚，从 1937 年到 1946 年，我没有给阿妈写过一封信。这几年，我过的是流浪学生生活，没有经济来源。夜晚自习，我都是借同学的灯光看书。我没有钱买邮票，也不知道阿妈在什么地方。这九年，我只写过两封信。前两封信是不能不写的，邮票是向同学要的。第一封信，是 1945 年 7 月写给叔叔的，告诉他，我已被工专开除了。如在《九年求学多曲折》中所说，叔叔回信说：“爱莫能助。”“爱莫能助”这个成语，就是在叔叔回的那封信中学的。第二封信，是抗日战争胜利后，1945 年末写给四哥的，告诉他，我即将高中毕业，很想回安徽考大学。信寄到安徽绩溪县电报局，很久不见回信，直到 1946 年 4 月才收到四哥的回信。他说："我已调到省会安庆电报局工作。你想回来考大学，很好。只要你考上大学，一切费用由我供给。"

我在写这段回忆往事时，有两个问题不知道，一个是去北平的路费问题，一个是阿妈和嫂子的关系问题。这两个问题都关系到阿妈和嫂子的为人，不能不写，但是这两个问题我都不知道，只好搁笔数日。正好这时（2016 年 10 月 21 日），我的三个侄儿和侄媳，千里迢迢专程从安徽来湘大看望我。独在异乡为异客 80 年了，这是第一次在异乡与亲人团聚，老泪纵横。一见面，瑞庆就握着我的手说："大哥心脏有点小问题，出院不久，不能来，我们代表大哥大嫂来看望五叔。"

"谢谢，你大哥也是古稀之人了。祝他安心调养，早日康复。你回去替我向他问好。"我说。

从左到右：陈蔚华、高瑞钧、高瑞荣、沈爱娟、马利荣、高瑞庆

次日，我与六位亲人聊了一个上午。我说："我13岁离开家，长期过着没有家的流浪学生生活，不懂家规，怎样想就怎样讲。"

"从家族来看，我们是叔侄关系，但不是一般的叔侄。我同你们的父亲是一个母亲所生的，是同胞兄弟。我们之间的关系是亲叔侄关系，这就是亲情。"

"从党内来看，我和你们都是共产党员，有共同的信仰、共同的信念、共同的信任、共同的信心。尽管现在我们都已离退休了，但是共产党人的精气神和'四信'没有退，也不能退。我们是同一个战壕里的战友，这就是同志情。"

"也可以说，我们之间是朋友关系。我同老二夫妇，尤其是与老二早就相识相知了，是老朋友了。有了老朋友，还要交新朋友。今天认识了老三夫妇和老四夫妇，就成为新朋友了。有了新朋友，不忘老朋友，这就是友情。"

"这三种'情'，把我们紧紧地团聚在一起。今后我不会忘记，在安徽有我的亲人、我的战友和我的朋友。你们也不会忘记，在伟人家乡有你们的亲人、你们的战友和你们的朋友。"

这次聊天，我弄清楚了两个急需知道的问题。

一是我去北平的路费问题。1946年10月，南京到北平不通火车，必须绕道上海，乘轮船去天津塘沽，再乘火车到北平。这就需要一笔路费。当时四哥已有一个孩子，四嫂又没有参加工作，手头并不宽裕，我去北平的路费，不知道四哥是怎样筹措的。老二说："妈妈曾经讲过，五叔向你爸要路费，当时家里没有钱，你爸就把我的戒指卖掉了，给五叔做路费。”听了老二的话，我心情十分沉痛。四嫂，小弟谢谢你的割爱帮助。没有你的帮助，我的发展就很难估计了。记得在 20 世纪 40 年代初，我与四嫂同在芜湖芜关中学徽州分校读书（在岩寺附近）。我比四嫂高一个年级。四嫂身材苗条，容貌秀丽，楚楚动人，是当时芜中的校花。同学们都喜欢看她，我也是其中的一个。令人惋惜的是，嫂子去世过早，没有见到她的四个儿子的功成事遂。

二是婆媳关系。我早就知道阿妈在嫂子那里住了好几年。她的几个孩子阿妈都带过。婆媳是否合得来呢？三个侄儿异口同声地说：“奶奶同妈妈的关系可好啦。妈妈‘走’了，奶奶还把妈妈抱在怀里。”阿妈同嫂子相处得这样和睦亲密，是我没有想到的。仔细想一想，这也是必然的。两个善良、仁慈的妇女在一起，就一定是和谐的，就一定是相互照顾、相互谦让的。她们自己快乐，称心满意，也让别人快乐，称赞羡慕。

说句老实话，我在北平，尤其是新中国成立后，在那热火朝天的社会主义改造运动的历史条件下，我脑子里想的就是：怎样把学习搞好，怎样把教学工作搞好，怎样自觉地改造思想，争取早日入党，没有想到阿妈和四哥。直到 1954 年夏初，妻子生下小高杨后，我才想到他们。我对妻子说：

“现在如果阿妈和四哥知道我已结婚有儿子了，他们该多高兴啊。”

妻子说：“你赶快写信给阿妈和四哥。”

“好多年没有联系了，不知道现在他们在哪里。”我说。

“四哥过去在哪里工作，你知道吗?”妻子问道。

“知道。1946 年在南京电报局工作。现在不知道是否还在。”我说。

“不管在不在，你先写封信去看看。”妻子说。

于是我就写信寄到南京电报局，过了好久好久，我才收到四哥从安徽宣城寄来的信。我和妻子异常高兴，如获至宝，看了又看。只有在这个时候，我才体会到家书值千金的意义。阿妈在四哥处，我很放心，每月寄生活费去。记得我曾和妻子一道去市场，买了一点布料寄给阿妈做衣裳。这时我很想回去看望阿妈和四哥四嫂，总是由于这样那样的原因，而且运动又多，一个接着一个，始终未能成行。

1971 年冬，我从鄂西北拉练回来，看到四哥寄来的信说：阿妈病逝，望速归。我拿着信去军宣队向雷教导员请假。

“雷教导员，我哥哥来信说，阿妈病逝，要我回去看看，我想请几天假。”我说。

“不行。上级规定，‘文化大革命’期间，谁都不能请假。”雷说。

“我出来几十年了，没有见过阿妈一面。阿妈含辛茹苦把我养大，辛劳了一辈子，不回去看看，良心上过不去。”我说。

“你现在出来讲课，并不能说明你的问题就搞清楚了。现在你的任务是：一是认真备课，把课讲好；二是必须认真考虑自己的问题，好好想想还有什么没有交代。”雷说。

晚上，我在回家的路上，满眼泪水，面向东南方向，默默地说："阿妈，你生我、养我，辛劳一辈子，精力耗尽，走了。几十年来，你没有听到我叫你一声阿妈，我没有听到你叫我一声小五子，就这样永远地走了。作为你的儿子的我，未尽奉养孝道，辜负了你老人家养育之恩。我每每想到你的走，就深感悲痛和内疚。"而且这种悲痛和内疚，随着我的年龄的增长就愈感悲痛，愈感内疚，我将悔恨终生。

少小离家耄耋回

2017年9月初的一天下午，玲玲对我说：“老爸，去年二哥、三哥、四哥和三位嫂子千里迢迢从安徽老家来湘大看望你，你非常高兴，也很激动。现在你年纪大了，腿又痛，行走很不方便，我想代表你回老家看看哥嫂，主要是上坟、上灶香、烧纸钱，了却你一直想回去祭拜爷爷奶奶、大伯大妈的心愿。你看行不行?”

玲玲的意见，我当时既没有肯定，也没有否定，只是说：“让我想想再说吧。”

晚上我睡在床上翻来覆去地考虑玲玲的意见。我觉得，现在自己虽已满93岁了，但是身板还挺硬朗，腿虽然很痛，但是可以慢点走，如果现在再不回去看看，祭拜祭拜爸妈和哥嫂，可能就会成为我终生的遗恨。因而决定带领全家和毛毛一道回安徽老家去看望七弟家德和侄儿们。

第二天，我对玲玲说：“昨天夜里想了很久，与其让你代表我回安徽，不如我带领全家一道回老家祭祖，去看看侄儿们。如果毛毛能请到假的话，也带她去。”

“真的呀?!”玲玲喜笑颜开，半信半疑地问道。

“真的，当然是真的啊。什么时候启程，我也确定了。”我说。

“什么时候走?”

“阳历11 月初走。”

“为什么那个时候走?”

“因为那个时候，正是气候凉爽的时候，上坟、走山路才不会出汗。”

坐在沙发上的罗静说：“等一等，让我看看皇历再决定哪一天走。”罗静信佛，说着她就走进卧室，过了一会儿出来说：“11 月 9 日是个好日子，宜出行、赴任。出远门，选个日子，图个吉利。我看就定在 11 月 9 日走。你们觉得怎样?”

“那就决定 11 月 9 日走。玲玲，你去问问南南，如果他同意去安徽，你就打电话告诉瑞庆，说我决定 11 月 9 日下午带领全家在湘潭上火车，10 日一早到宣城。11 日去郎溪县飞里乡戴杨村祭拜阿爸阿妈。12 日上午去祭扫四哥四嫂的墓。13 日去芜湖看望钰芳，也就是你的二姨。14 日在宣城附近逛逛，晚上乘火车返回湘潭。”

后来玲玲告诉我说：“爸爸，我把你的决定告诉了几位哥哥，他们是既热烈欢迎，又很担心。少小离家 80 年的五叔终于回来看看了，理当热烈欢迎。担心的是你毕竟是吃 94 岁饭的老人了。俗话说：70 不留宿，80 不留餐。几位哥哥商讨了又商讨，意见还是不一致，有的同意，有的犹豫不定。我知道情况后，又打电话给二哥说：我爸比较固执，决心已定，不管你们同意也好，犹豫也好，他都会来，而且是全家故乡行。”

侄儿们的犹豫，我非常理解。他们把我看作父亲般的叔叔，犹豫不是不欢迎，而是怕我旅途劳累身体吃不消；怕我年纪太大，万一出什么问题不好交代。这完全是对我的关爱。为了接待我的全家，四个侄儿做了适当分工：老大瑞麟管总的，负责全面接待工作；老二瑞庆陪伴我住宾馆，有事便于联系；老三瑞荣负责对外工作，安排车辆，联系参观景点，请保健医生，都由他负责；老四瑞钧负责我的安全。两位侄孙则负责开车。他们人人用脑，个个出力。侄儿侄孙为我这次回家考虑得那样细致周到，我被他们的关爱深深地感动了。尽管数十年来，我们很少晤面，有的甚至没有见过面，但是血脉亲情却把我们紧紧地联系在一起。为了顺利地完成这次全家还乡行，也为了解除亲人们的顾虑，我每天坚持走一两公里路。遗憾的是，毛毛由于工作的原因，只能在网上为我们抢购车票，不能随同我们一起回家祭祀。

11 月 9 日下午 1 时，我怀着内疚的心情和对亲人们的思念，带领罗静和两个孩子出发了。毛毛和龙雨开了两台小车，把我们送到火车站。毛毛在车站陪了我们两个多小时，一直到我们上了火车才离开。一进包厢，罗静、玲玲、南南就把携带的大包小包安放好。我就躺在卧铺上，思绪便开始纷飞起来，像一层又一层的浪花涌起，此起彼伏。

我想到了唐朝诗人贺知章的那首脍炙人口的哲理诗《回乡

偶书》：

少小离家老大回，乡音无改鬓毛衰。

儿童相见不相识，笑问客从何处来。

毛泽东说：“他是诗人，又是书家（他的草书《孝经》，至今犹在）。”有学者考证，贺知章不是“少小离家”，而是中年离家，在长安做了50多年的官，86岁辞去朝廷官职，告老还乡越州永兴（今浙江萧山）。我是13岁离家，如今已是吃94岁饭的老人了。可谓是少小离家耄耋回，侄儿相见不相识。如果在车上遇见他们，肯定是我不认识他们、他们也不认识我。至于第三代、第四代就更不用说了。我被这首用风趣易懂的话语来表达老年回乡情怀的诗所感染，所以我经常默读《回乡偶书》。

我想到了阿妈和哥嫂，一别数十年，如今我鬓如霜白，终于回来了。可是，他们早已乘鹤西去，永远永远在天上了。他们在天上，我在人间，天上人间两茫茫。我不知道他们在天的哪一方，他们也不知道我数十年来的酸甜苦辣。永不见，思断肠。阿妈的养育之恩，哥嫂的割爱相助，已凝成永恒的记忆，铭刻在心中。

我想到了添喜。她是七婶的父亲买来的一个丫头，也是我认识的第一个女孩。她，瓜子脸，两只亮闪闪的大眼睛，嘴有一点点瘪，为人温和，使人感到亲切。我只知道她叫添喜，不知道她姓什么。1938年，七婶的父亲在黄山中国旅行社旁边开了一个小店，我和她都住在小店里。她是使女，是侍候客人的人，每天一早起来就打扫店堂和门面，接着就是洗衣、洗菜、做饭。我被看作是一个没有出息的人。当时，我和她都是下人，命运相同，有共同的语言。我俩经常在一起聊，有时也会闹别扭，互不讲话。但是，第二天，她又笑嘻嘻地叫我一声“五哥”，我们又和好如初。我一直很想看望她，在一起回忆那难忘的 1938 年。听说她已去世，我很悲切，悲悼我认识的第一个女孩。话已尽，情未了，此情你知我知。遗恨何时了，哪里寄相思?!

我想到了小时候与大古、小古两兄弟在一起玩泥巴。泥巴是我童年唯一的玩具，它可以做成各种想得到的东西，做好了又把它们揉在一起，揉好了又做。我的童年就是这样在放牛和玩泥巴中度过的。

我想着想着就进入了梦乡。10日凌晨4点钟，我便悄悄地起床洗漱、刮胡子。天也渐渐亮了，我就把罗静和两个孩子一一叫醒。他们洗漱完毕，列车也进站缓慢地停稳了。我慢步走向车门准备下车，这时突然从我的左右两边伸出两双有力的手紧紧搀扶着我慢慢走下车来（后来才知道是我的侄孙伟明和伟锋），不知道是谁又把一束鲜花送到我手中。我抬头一看，一横幅标语出现在我的眼前，上面写着“热烈欢迎五叔沧南教授回乡探亲”。我怎么也没有想到侄儿们会以这种方式来迎接我。我很惭愧，又很激动。谢谢啊，我的亲人们。

2017年11月10日，在安徽宣城市火车站与侄儿侄媳、侄孙夫妇、侄孙女夫妇合影

当天下午，侄儿们在宾馆会议室召开家庭座谈会，我认真听取了大侄瑞麟讲了他们四兄弟的成长过程。四个侄儿和四个侄媳都是中共党员，

在党的教育下，个个独当一面，在各自的工作岗位上，都做出了不凡的业绩，谱写了一曲曲动人的赞歌，为高家的后代树立了好榜样。在会上，我也谈了在外求学、工作的经历和对亲人的思念。

晚上，侄儿们为我们全家设宴接风洗尘。80 年来，这是我第一次同四个侄儿、四个侄媳、两个侄孙、一个侄孙媳(其中一个侄孙媳在马鞍山市，因工作未来）三代人（第四代在外地学习）同桌用餐，喝家乡水，吃家乡菜，听家乡话。我闻到了浓烈的乡土气息，深深地沉浸在幸福的家宴中，感到无比欣慰。说句老实话，我一直都不习惯这种饭局，敬酒、碰杯、喧闹，还要满面笑容地应酬每位敬酒人。一顿饭要吃两三个小时，不仅浪费时间，而且很劳累。我在湘潭大学 40 年，除了每年学校党政领导请离休和享受政府特殊津贴的同志吃一顿除夕饭外，一般饭局概不参加。可是，在这个晚宴上，我却从未感到过这样亲切，这样欢乐，这样幸福。我同亲人们在一起，把 80 年来的亲情纯酿，倒进杯里碰一碰，品一品，叙一叙，这是老大回家的一大乐事。这个夜晚，我睡得特别香。

11 月 11 日，天高气爽。早餐后，我们在四个侄儿侄媳、两个侄孙和一个侄孙媳的陪同下，驱车前往我童年生活过的地方——郎溪县飞里乡戴杨村，去祭拜爸妈的坟墓，同时看望离别 80 年的七弟家德。这也是回乡的一个心愿。

郎溪是我国绿茶之乡。丘陵地带都是一片又一片、一眼望不到头的茶树。侄孙伟明说：“我们已经进入飞里乡戴杨村了。”我竭力地向车外张望，再也看不到我童年的戴杨村了。“旧貌换新颜。”呈现在眼前的是一条条平坦的水泥路和一栋栋两层别墅式的小楼房。在党的领导下，家乡确实发生了翻天覆地的变化，值得大大的庆贺。可是，对我这个老大回家的人来说，却有种找不到家的感觉，以前熟悉的景象已经荡然无存了。车停在屋前坪子里，侄儿扶我下车，迎面走来一位老人，不断地叫我：“五哥，五哥。”他就是我的七弟家德。我们拥抱着，泪流满

11 月 11 日，在郎溪县飞里乡戴杨村祭拜爸妈墓与七弟、侄儿、侄孙合影

面。一别 80 年，千言万语都在泪水中。大家平静下来后，七弟陪我来到阿爸阿妈的坟前。我恭恭敬敬地将鲜花放在坟前，深深地鞠了三个躬，喃喃地说："阿爸阿妈，小五子带着儿媳妇和两个孙子来看望二老了。"我望着忽聚忽散的烟火，飘忽不定的烛光，阿妈的身影就像树上的落叶在我眼前不断飘浮。祭拜后，我到七弟和他的几个儿子的家里去看看，住的都是小楼房，地上铺的是瓷砖，有自来水，有抽水坐便器。说句老实话，个个住的都比我好。他们生活好了，我也就放心了。

今天中餐是在郎溪县城吃的。本来我想请七弟和宣城、郎溪两地的侄儿、侄孙、侄重孙四代人欢聚一堂，吃一个高家大团圆的饭。在吃饭过程中，我暗示玲玲去买单。过了一会儿，玲玲悄悄告诉我："营业员说饭钱已经给了。"一了解，是七弟的大儿子的儿子、一家建筑公司的总经理、我的侄孙早就把单买了。我叫玲玲赶快把钱送给侄孙，侄孙又把钱退给宣城的侄儿瑞庆，他又把钱退还给玲玲。这是一顿饱含深情的饭。感谢郎溪的侄儿、侄孙、侄重孙的盛情款待。再见了，郎溪的亲人们。家的方向，永远是我记忆深处的凝望。

11 月 12 日，星期天，早餐后，我和侄儿等近 20 人驱车一道去宣城郊区金坝乡祭扫四哥四嫂的墓。车到金坝乡停在公路旁。四哥四嫂的墓在左边的山坡上，路很不好走，先要走一段很窄的田埂，再走一段很长的崎岖山路，路两旁长满了带刺的藤子，实际没有路。

侄儿说："五叔，我爸妈的坟就在前面山坡上，这段路很不好走，你的腿又不好，你就在这里不要走了。”

我执意要去。侄儿又说：“五叔，你看这样行不行，你在这里，面朝着我爸妈坟的方向，我们同玲玲、南南代表你去献花，你看行吗？”

正说着，只见两个侄孙抬着一辆手推轮椅车向我走来，一放下车就硬要我坐下来。我说：“坐下来休息一下可以。我这次回来有两个心愿，一是看看你们，二是祭拜爸妈和哥嫂。祭拜只能走着去。腿再痛，路再难走，也要慢慢走着去。你们就别再为难我了。”

11月12日，在宣城金坝乡祭拜哥嫂墓与侄儿侄媳、侄孙夫妇、侄孙女夫妇合影

无奈，两个侄儿只好带头开辟道路，两个侄孙搀扶着一步一步向前走，走过窄窄的田埂，跨过小沟，还要爬一个小山坡，山坡上杂草丛生，荆棘密布。侄儿侄媳们，为了我去坟前祭拜，有的拽，有的拖，有的踩，有的手出血了，有的头皮划破了。我看到眼前这种情境，心中实感不安，便拄着拐棍一步一步走到哥嫂坟前，小心翼翼地将一束鲜花放在碑前，深深地鞠了三个躬。

我怀着感恩的心情默默地说："四哥四嫂，五弟来看望你们了。1946年，没有你们的大力支持和无私援助，我到不了北平，就没有我的今天，谢谢你们啊。值得告慰的是：中国特色社会主义已经进入了新时代，国家强大了，国际威望提高了，人民渐渐富裕了。到2020年，全国各族人民，一个人也不能少，将全部进入小康社会。你们的四个儿子都已退休，工资年年加，在家安度晚年，有时还出去旅游；你们的四个孙子和两个孙女，都已成家立业，他们爱业、敬业、创业；你们的重孙女天棋，现就读于西安音乐学院，是高家的第一位音乐人；你们的重孙金宝今年9岁，上小学四年级，小小的年纪就在报纸上发表文章，并被聘为《皖江晚报》小记者，令人由衷赞赏。你们为高家的兴旺立了大功，是高家的大功臣。我们和我们的子子孙孙将永远地怀念你们。"

我们从金坝乡出来后，按照侄儿的安排，去泾县参观新四军军部旧址。我坐在车上，望着连绵不断的山岭，松林茂密，松涛阵阵。1938年，新四军军部由歙县（徽州）岩寺迁至这远离县城、交通极不方便、偏僻山区的小镇——云岭镇。1940年10月1日，蒋介石致电新四军军长叶挺、副军长项英，强令黄河以南的新四军，必须在一个月之内集中到黄河以北，中国共产党为了维护抗日民族统一战线，答应新四军一部分开赴长江以北。1941年1月，叶挺、项英率领新四军军部九千余人，按照蒋介石指定的路线开始北移，1月7日到达泾县茂林小镇，遭到背信弃义的国民党事先埋伏在茂林一带重兵的包围袭击，虽然全体指战员英勇奋战，终因寡不敌众，除千余人突围外，大部分

11月12日，在泾县云岭参观新四军军部旧址，与侄儿、侄媳合影

壮烈牺牲。军长叶挺被俘，副军长项英被害。1941 年 1 月 17 日，蒋介石竟公然宣布新四军为“叛军”，取消番号，并下令进攻新四军江北部队。这就是蒋介石一手制造的震惊中外的“皖南事变”，使英勇抗战的新四军受到重大损失，并在全国又一次掀起反共高潮。周恩来冲破国民党反动派的重重封锁和阻挠，于 1941 年 1 月 18 日在重庆《新华日报》发表了“为江南死国难者志哀”“千古奇冤，江南一叶，同室操戈，相煎何急?!”的题词，并亲自带领工作人员上街散发《新华日报》，揭露国民党反动派消极抗战、积极反共的阴谋。

1961 年，国务院公布新四军部旧址为全国重点文物单位，也是近现代八大重要史迹之一。今天不热不凉，来此参观学习的人很多。我参观了新四军军部旧地和叶挺摄影展览后，因为腿痛，行走不便，就坐在叶挺铜像广场休息，凝望将军的铜像，自然就想起了过去经常朗读、至今犹记在脑的《囚歌》。这是叶将军于 1942 年在国民党的牢房里写的一首诗。诗曰：

为人进出的门紧锁着，
为狗爬出的洞敞开着，
一个声音高叫着：
——爬出来吧，给你自由！
我渴望自由，
但我深深地知道——
人的身躯怎能从狗洞子里爬出！
我希望有一天，

地下的烈火，

将我连这活棺材一齐烧掉，

我应该在烈火与热血中得到永生！

《囚歌》风格豪壮，以激愤慷慨的语言写出了叶挺将军坚信马克思主义和鄙视、仇恨国民党的内心世界，表现了共产主义战士浩然之气和崇高的民族气节。《囚歌》的最后两句，表白了将军视死如归的英雄气概，为我们树立了光辉的榜样。

11 月 13 日，我在侄儿、侄孙的陪同下，驱车前往芜湖看望亡妻的二妹杨钰芳。十多年前，我就曾说：“钰芳，我一定去芜湖看看你。”很遗憾，这个心愿直到今天才实现。宣城离芜湖并不远，上高速一个多小时就到了钰芳的住处。我一下车，就看到笑嘻嘻的钰芳慢慢走过来，我立即迎上去，我们紧紧地握着手。钰芳今年 82 岁，头发有些花白，但她还像年轻时那样美。她轻轻地叫我：“沧南哥哥。”听她这一叫，我心里难过极了。现在想起来还在流泪。这一声使我想起了亡妻、她的大姐杨荣芳；也使我想起了她的老伴、我的老弟和益友崔可范教授也永远地离开了我们。

钰芳住在长江边，居室在 26 楼，站在阳台上，居高临下，长江往来大小船舶一览无余。我们坐在沙发上边谈边笑。她打开相册说：

“你看，大姐长得多美。站在她身边的就是我。”

“大姐美，你美，小琹也美。你们三姐妹都很美。”我接着说：“你还记得吗？1952 年暑假，我第一次去无锡看荣芳，晚上在小院里谈话。娘叫你来偷听，你对娘说了什么？”

“记不得了。你和大姐讲话的声音很小，听不到什么。沧南哥，告诉你，在三个女婿中，娘最喜欢的就是你。”钰芳说。

11 月 13 日，在芜湖与玲玲、南南的二姨杨钰芳老妹合影

“娘为人善良、正派，是个大好人，而且能写，一来信就写几页纸。我也很敬爱她老人家。”我说。

我们从 1952 年聊到“文化大革命”。大约是 1967 年的夏初，钰芳从芜湖来武汉大学看望我们，为了接待她，我买了一只鸡，正在炒鸡时，“造反派”来了，要我交代问题，一家人都围着“造反派”

转，谁也没有去看锅里烧的鸡，直到煳味充满了房间，……是啊，漫漫人生路，我们有说不尽的离情别绪，有道不完的酸甜苦辣。我们感到遗憾的是，荣芳去世太早，可范长期卧病在床，撒手尘世，都没有享受到中国特色社会主义进入新时代带来的幸福和欢乐。

我们正说着话，钰芳一下子站起来，慢慢地走进卧室，提着两盒食品走到我的面前说："这是你最爱吃的百善贡酥，过去我曾多次寄给你。芜湖也有卖的，我怕不新鲜，乘公交车去南陵买的。"

我问："芜湖到南陵有多远？"

钰芳说："有 30 多公里。"

"你这样大的年纪，乘公交车去南陵为我买百善贡酥，我吃了也不安心。谢谢，谢谢你啊，钰芳。"我说。

中午钰芳和其子崔群宴请我们一大家人，看着满满一大桌的美味佳肴，看着专为我点的小笼包，心里暖暖的。我在欢声笑语中感受到了真实的生活气息。离开了餐桌，我们又依依不舍地挥手告别了。

11 月 14 日，是我们故乡行的最后一天，晚上七点多钟便要乘火车返回湘潭了。按照侄儿们的安排，上午游览敬亭山。"敬亭山"三个大字是楚国南先生书写的。一进公园大门，就看到一座坐式雕像，右手举着酒杯，面对敬亭山。一看就知道这是《独坐敬亭山》的作者唐朝大诗人李白。李白曾七次旅游宣州，写了多首有关宣州的诗篇，《独坐敬亭山》就是其中的一首。这是一首抒情诗，写的是当时诗人孤独、寂寞、苦闷、凄凉的心境。此时，诗人因受当朝权贵排斥，被迫离开长安已近十年。十年的流浪、漂泊生活，使诗人看透了世态，加深了他的孤寂之感。李白就是在这种心境下写的《独坐敬亭山》，诗曰：

众鸟高飞去，孤云独去闲。

相看两不厌，独坐敬亭山。

许多鸟儿都飞走了，一片孤云也随风慢慢飘去，剩下的只有诗人和敬亭山了。诗人看着山，山看着诗人，“相看两不厌”。诗人想向敬亭山吐露自己满腹的孤独、苦楚和凄凉，然而敬亭山却无动于衷，诗人只能独坐敬亭山，举杯消愁，四周静悄悄的，无声无息，这是对孤独最深层的描述。我很理解诗人这种孤独、苦闷之情。1977年，我刚到湘大时心情就是孤独的、苦闷的。我来

11月14日，在宣城市敬亭山游玩，与侄儿、侄媳合影

后不久就被任命为政治系副主任和哲学教研室主任，后又被湖南省政府任命为湘潭大学哲学系主任，比我早来两三年的某些同志总有些看不顺眼，认为我这也不行，那也不好，甚至连出考题也有人吹毛求疵。我感到在这里工作很孤独、很苦闷。但是，我是一名共产党员，而且是见过世面、经过风雨的共产党员，绝不能像李白那样独坐敬亭山，举杯消愁，而是应该深入到学生中去，了解教学情况、认真备课，在理论联系实际上下功夫，努力提高教学质量、搞好科研，同时努力改进工作方法。一分耕耘，一分收获。1992 年享受政府特殊津贴，1993 年被评为全国优秀教师，并获全国优秀教师奖章，1998 年被湖南省委、省政府授予“湖南省荣誉社会科学家”称号。学习是没有休止符的，永远在路上。屈原说：“路漫漫其修远兮，吾将上下而求索。”活到老，学到老，改造到老，与时俱进，至死方休。这

11 月 14 日，游敬亭山和扬子鳄自然保护区与侄儿合影

就是共产党员的品格。

敬亭山的景点都在山上。山虽不高，因为我的腿痛，不便登山，大家就在山下到处看看，照照相，就去扬子鳄自然保护区看扬子鳄了。扬子鳄是我国特有的国家一级保护动物。它同熊猫一样，有“活化石”之称。但是，它不像熊猫那样讨人喜爱。扬子鳄没有非洲鳄那么大，似乎也没有非洲鳄那么凶恶。我喜爱熊猫，厌恶鳄鱼，特别厌恶“鳄鱼眼泪”。

故乡行四天活动圆满结束了。我为感谢侄儿侄媳们的热情接待，最后一天晚上宴请了侄儿侄媳、侄孙侄孙媳、侄孙女侄孙女婿。他们当中的每一个人，都为我这次故乡行付出了辛勤劳动，任劳任怨，尽心尽力。四位侄媳专为我做了家乡风味小

在宣城蓝天宾馆与侄儿合影

吃：金灿灿的春卷、圆滚滚的汤圆、香喷喷的酒酿，还有那色泽红润的红烧肉。侄儿、侄孙、侄孙媳、侄孙女都送来很多东西，有穿的，有吃的，有欣赏的，真是满载而归。

我们是乘 19 点 45 分由南京开往贵阳的火车，晚上 6 点半从宾馆出发，侄儿们都聚集在我的房间为我们送行，有的背着袋子，有的推着箱子，一路情深意长地祝福。到了火车站，还是在迎接我们的地方，我们互相拥抱，紧紧握手，互道珍重，匆匆一见又依依惜别。我眼里噙着泪水，带着侄儿们的祝福和浓浓的爱登上南下火车，面朝窗口，看到侄儿侄孙们仍站在冷风中向我们挥手告别。这是震撼人心的离别场景，与五天前我们刚下火车侄儿侄媳、侄孙侄孙媳热情迎接的场面，是两幅令我永远难忘的画面，这两幅画面交相辉映着……再见了，养育我使我终生难忘的故乡；再见了，我的亲人们。

附　录

马克思主义是关于人的解放和人的全面发展的学说 *

一、“劳动异化”和人的解放

为什么马克思恩格斯毕生为人的解放事业而奋斗呢？回答这个问题，首先需要说明什么是“异化”，什么是“劳动异化”。因为“劳动异化”及其基础——私有制，是囚禁人的牢笼。马克思的“劳动异化”和人的解放的学说，就是在批判资产阶级学者的异化思想的过程中逐步创立起来的。

“异化”是德国古典哲学经常使用的一个概念。不同历史时期的德国哲学家，对这一概念的实质内容有着不同的诠释。

众所周知，黑格尔哲学的整个基础是“绝对观念”。他所谓的“异化”，就是“绝对观念”的“异化”，是黑格尔用来说明“绝对观念”自我演化的一个关键词。他认为，“绝对观

* 原载《中南林业科技大学学报（社会科学版）》2009 年第 4 期。

念”自我演化到一定阶段，就“异化”为与自己相对的存在物，这就是自然界。“客观精神”自我演化到一定阶段，就“异化”为与自己相对立的存在物，这就是社会、历史。恩格斯指出：“在黑格尔看来，自然界只是观念的‘外化’，它在时间上不能发展，只是在空间中展示自己的多样性，因此，它把自己所包含的一切发展阶段同时地和一个挨着一个地展示出来，并且注定永远重复总是同一的过程。”[1] 黑格尔把自然界、社会、历史统统看成是“绝对观念”的“异化”，显然是唯心主义的。

费尔巴哈说的“异化”，是指人的本质的“异化”。他认为，人将自己的本质从自己身上分离出来，加以神化，结果就成了一种与人相对立、凌驾于人之上、支配、统治人的异己力量的神。在费尔巴哈看来，不是神创造了人，恰恰相反，而是人按照自己的模样和生活方式创造了神。费尔巴哈把神的本质看作是人的本质的“异化”，把宗教世界归结为世俗世界，这是费尔巴哈对无神论和唯物主义的一大贡献。可是，费尔巴哈是一个不彻底的唯物主义者。他说：“向后退时，我同唯物主义者是一致的；但是往前进时就不一致了。”恩格斯在引用了这句话后紧接着就指出：“但是在这里，在社会领域内，正是费尔巴哈本人没有‘前进’。”[1] 这就决定了费尔巴哈必然是离开人的社会性、离开人的历史条件来考察人的。他认为，人的本质不是生活在一定的社会关系中的现实的人的本质，而是一般的、抽象的人的本质。马克思在《关于费尔巴哈的提纲》

中写道："所以，他只能把人的本质理解为'类'，理解为一种内在的、无声的、把许多个人纯粹自然地联系的共同性。"[2] 费尔巴哈只看到人是自然界的产物，人的自然属性，没有看到人是社会的产物，人的社会属性。因此，他所谓的神是人的本质的"异化"，仍然没有摆脱唯心主义的羁绊。

马克思沿用了"异化"这个术语。所谓"异化"，是指事物在其自身发展过程中，一步一步地走向自己的对立面，成为一种支配自己、统治自己、反对自己的异己力量。但是，马克思不是简单地沿用这一术语，而是把它应用于经济、政治和人的解放的伟大事业中，并在《1844年经济哲学手稿》中提出"劳动异化"这个崭新的概念，揭露了资本家剥削工人的罪恶本质。

第一，"劳动异化"主要地表现在以下三个方面：

一是劳动产品的异化。这就是说，"劳动的产品，作为一种异己的存在物，作为不依赖于生产者的力量，同劳动相对立。"在资本主义制度下，工人的劳动产品，不但不属于自己，反而成为一种支配工人、统治工人、反对工人的异己力量。工人生产的产品越多，就意味着工人本身的东西就越少，劳动力就越成为廉价的商品，统治工人的力量就越强大。所以马克思才说："对对象的占有竟如此表现为异化，以致工人生产的对象越多，他能够占有的对象就越少，而且越受自己的产品即资本的统治。""工人在劳动中耗费的力量越多，他亲手创造出来反对自身的、异己的对象世界的力量就越强大，他本身、他的内部世界就越贫乏，归他所有的东西就越少。”[3]

二是生产行为的异化。在马克思看来，“异化”不仅表现在劳动产品上，还表现在生产行为即劳动活动中。劳动产品的异化是劳动活动异化的结果。马克思反问道：“如果工人不是在生产行为本身中使自身异化，那么工人怎么会同自己活动的产品像同某种异己的东西那样相对立呢？产品不过是活动、生产的总结。因此，如果劳动的产品是外化，那么生产本身就必然是能动的外化，或活动的外化，外化的活动。在劳动对象的异化中不过总结了劳动活动本身的异化、外化。”[3]

三是人的特性的异化。马克思说：“我们现在还要根据异化劳动的已有的两个规定推出它的第三个规定。”[3] 我们认为，这“第三个规定”，就是人的特性的异化。人的特性就在于：他的活动是有意识的、自由的、自觉的。马克思说：“一个种的全部特性、种的类的特性就在于生命活动的性质，而人的类特性恰恰就是自由的自觉的活动。”“有意识的生命活动把人同动物的生命活动直接区别开来。”[3] 可是，劳动异化把人的类特性——“自由的自觉的活动”——变成不能自由地发挥自己的体力和智力、仅仅成了维持自己生存的手段。“异化劳动把自我活动、自由活动贬低为手段，也就把人的类生活变成维持人的肉体生存的手段。”[3]“结果，人（工人）只有在运用自己的动物机能——吃、喝、性行为，至多还有居住、修饰等行为的时候，才觉得自己是自由活动，而在运用人的机能时，却觉得自己不过是动物。动物的东西成为人的东西，而人的东西成为动物的东西。”[3]

第二，“劳动异化”产生的基础是私有制。它是同私有制和阶级一道产生的。但是，在资本主义制度中，劳动异化表现得最充分、最彻底、最露骨。工人劳动创造的财富愈多，工人自己就愈贫穷。劳动创造了宫殿，却给工人自己创造了贫民窟。这样，马克思就深刻地揭露了劳动异化的根源在于资本主义私有制，深刻地揭露了资产阶级凭借对生产资料的所有权无偿地占有工人劳动的剥削本质。

第三，“劳动异化”具有一向性，即是说，它只向着一个方向——对抗性方向转化，将本来属于工人自己的东西“异化”为统治自己、反对自己的异己力量的资本。所以，“异化”与转化不同。转化说的是矛盾双方的相互转化，是双向的，既可以向对抗性方向转化，也可以向非对抗性方向转化。

第四，“劳动异化”的作用具有二重性。“劳动异化”不是好事。因为它把工人劳动的产品异化为支配工人、统治工人、反对工人的资本。这是问题的一个方面。问题的另一个方面是，它却大大地推动了社会生产力的发展。《共产党宣言》指出：“资产阶级在它不到一百年的阶级统治中所创造的生产力，比过去一切时代创造的全部生产力还要多，还要大。”[2]这又变成好事了。必须指出，资产阶级之所以能够如此又多又大地发展生产力，根源就在于“劳动异化”，就在于资产阶级无偿地占有了工人的劳动产品。没有“劳动异化”，就没有资产阶级。

第五，“劳动异化”的历史性。“劳动异化”不是社会生来具有的，也不可能永远地存在下去。它是一种历史现象。“劳动异化”是社会生产力发展的结果，只有当生产发展到多少有点剩余的时候，才能够产生私有制和在私有制基础上出现的“劳动异化”。但是，它又是社会生产力不发展的结果。当生产力发展到一定高度、私有制成了阻碍、破坏生产力前进发展的时候，私有制就要被公有制所代替。到了那个时候，“劳动异化”将会随着私有制的消灭而消失。这是必然的、不可避免的。

上述五点，就是我们对“劳动异化”的理解。所谓解放，首先就是消灭资本主义私有制和在这种私有制基础上发生的“劳动异化”，把工人从这个囚笼中解放出来。马克思说：“但是，如果它不消灭它本身的生活条件，它就不能解放自己。如果它不消灭集中表现在它本身处境中的现代社会的一切违反人性的生活条件，它就不能消灭它本身的生活条件。”[4] 这里说的“消灭集中表现在它本身处境中的现代社会的一切违反人性的生活条件”，就是消灭资本主义社会的经济基础和在这个基础上竖立起来的政治、法律、道德、宗教以及包括“劳动异化”、民族歧视和资本社会习俗在内的一切违反人性的东西。只有这样，人才能够从资本的囚笼中解放出来。在今天，人，就是指人民，就是人民群众。只有到了人都成为共产主义社会成员的时候，人的劳动，才是自由的、自觉的、舒畅的、幸福的，才能够自由地选择适合自己的工作，自由地发挥自己的体力和智力。马克思主义就是从哲学、政治经济学和科学社会主义三个方面来论述怎样认识和怎样“消灭集中表现在它(指无产阶级——引者注) 本身处境中的现代社会的一切违反人性的生活条件的”。

马克思主义哲学是关于认识人与自然、人与社会、人与人之间的矛盾运动规律，并根据这种认识，提出解决这些矛盾的方法的学问。它是认识论和方法论，又是改造论和建设论。现在，我们享用着生产力发展所创造的物质文明和精神文明的成果，同时又经受着生产力不发展所造成的不幸和灾难。生产力发展了，提高了人的物质文化生活水平和素质，又因为生产力不发展，束缚了人，压制了人，不能自由地选择适合自己才能和兴趣的工作。这是其一。其二，人的素质低，只图眼前利益，破坏了生态平衡，环境污染了，水源污染了，山林破坏了，水土流失了，有雨就涝，无雨就旱。这些不幸和灾难，都是由于生产力不发展和人的素质低所造成的。哲学的任务就是研究并解决自然、社会和人之间的矛盾，使它们各得其所，和谐共处，互相促进，共同发展，为自然、社会和人的和谐持续的发展提供一个良好的环境。在这些矛盾中，首先要解决的是人与资本主义私有制和在这种私有制基础上产生的“劳动异化”之间的矛盾，把人从这个牢笼中解放出来。

那么，人怎样才能够获得解放呢？马克思主义的政治经济学和科学社会主义具体地回答了这个问题。

政治经济学根据马克思发现的生产力决定生产关系，生产关系一定要适应生产力性质、水平及其发展要求的规律，揭示了资本主义社会的根本矛盾是社会化生产和资本家私人占有之间的矛盾。这个矛盾制约着、规定着资本主义社会的一切矛盾，是该社会一切矛盾的总根源。在资本主义社会中，无论是经济的、政治的、军事的、文化的、思想的、外交的等矛盾，归根到底，都是由这个根本矛盾决定的，都是它的实际表现。随着社会生产力的发展，生产越来越社会化，而私人占有则越来越集中，因此，资本主义社会的根本矛盾必然越来越尖锐，越来越对抗，最终导致社会主义公有制代替资本主义私有制。这就像资本主义私有制代替封建地主私有制一样，是社会历史发展不可逆转的趋势。在社会生产力高度发展的前提下，消灭资本主义私有制，建立社会主义公有制，这就是人的解放和人的全面发展的经济条件。

科学社会主义在深入而全面地认识和把握资本主义社会根本矛盾的基础上，一是发现了消灭资本主义私有制和创造社会主义公有制的领导力量 (工人阶级) 和依靠力量 (农民阶级)。二是确定了从资本主义私有制过渡到社会主义公有制的途径——暴力革命。在过渡这个问题上，马克思主义并不反对“和平过渡”。究竟是暴力过渡，还是“和平过渡”，这完全取决于资产阶级对待工人阶级革命的态度。如果资产阶级明智的话，自动地退出历史舞台，那就“和平过渡”，这对资产阶级和社会都有好处。否则，就暴力过渡。三是找到了代替资产阶级国家机器的国体——无产阶级专政或人民民主专政。工人阶级不能简单地掌握现成的国家机器，必须用革命暴力摧毁它，实行无产阶级专政或人民民主专政。推翻资产阶级专政，建立无产阶级专政或人民民主专政，这就是人的解放和人的全面发展的政治条件。

总之，只有在经济上建立社会主义公有制，在政治上建立无产阶级专政或人民民主专政，工人阶级才能获得解放，人类才能获得解放。在马克思看来，“工人的解放包含全人类的解放；其所以如此，是因为整个人类奴役制就包含在工人同生产的关系中，而一切奴役关系只不过是这种关系的变形和后果罢了。”必须指出，社会主义的建立，绝不意味着就是人的解放。这只是人的解放的起点，万里长征迈开了第一步。什么时候实现人的解放，进入全人类解放的境界，不取决于任何人的主观感望，而取决于是否具有这样的一些条件：

第一，社会生产力、科学技术、文化、社会、生态文明高度协调发展，不是一般的高度，而是极其高度发展。马克思恩格斯指出：“只有在现实的世界中并使用现实的手段才能实现真正的解放；没有蒸汽机和珍妮走锭精纺机就不能消灭奴隶制；没有改良的农业就不能消灭农奴制；当人们还不能使自己的吃喝住穿在质和量方面得到充分供应的时候，人们就根本不能获得解放。”[3]

第二，阶级差别、工农差别、城乡差别、体脑差别彻底消灭。

第三，劳动不再是谋生的手段，而是像空气一样，成为人们生活的第一需要。人在劳动中能够自由地、自觉地发挥自己的才能和智慧。

第四，分配不是按劳分配，而是按需分配。在分配上彻底消灭了由于体力不同、智力不同、学识不同、业务熟练程度不同和家庭负担不同所造成的不平等。

第五，人人都能自觉地改造自己，自觉地纠正自己的错误，使自己的言行符合客观实际。

只有到了这些条件完全具备的时候。人类才能获得解放。人的解放，就是这些条件协调发展、共同作用的结果。可见，解放是一种历史活动。而不是思想活动。解放是一个过程，是由经济建设、政治建设、文化建设、社会建设、生态文明建设共同促成的。在这个过程中，所有被压迫人民和被压迫民族进行反剥削、反压迫、反独裁的斗争。比如，奴隶农奴暴动、农民武装起义、资产阶级革命、民族解放运动等等斗争和所有科学技术上的发现创造，对于人们争生存、争自由、争民主的解放运动都具有一定的意义。但是，由于受到阶级和历史条件的局限，这些斗争的最终结果都是这样的：人民冲出了一个牢笼。又被关进了另一个牢笼，仍然是“人为刀俎，我为鱼肉”。任人宰割。只有工人阶级进行的社会主义革命，才能最终彻底砸碎剥削人、压迫人的牢笼。这是人类赋予工人阶级的历史使命，也是经济、政治、文化、社会发展的必然结果。

解放，不是某一个阶级的解放，也不是某一个人种的解放，而是地球上全人类的解放。因此，必须从全人类的高度来看待这个问题。只有站在这个高度，才能够认识到人类的解放不是哪一个国家、哪一个民族的责任，而是各个国家、各个民族、全人类的共同责任。只有站在这个高度，才能够认识到马克思主义和被马克思主义武装起来的共产党的伟大。

二、人的全面发展

砸碎枷锁，解放人类，最终的目的是将异化的、不自由的、充当机器的奴隶的人，还原为真人，即自由的、全面发展的、同自然和谐相处的、作为社会主人的人。现在，“人的全面发展”六个字，在报刊随处可见。马克思究竟是怎样论述“人的全面发展”的呢？

马克思说：“全面发展的个人……不是自然的产物，而是历史的产物。要使这种个性成为可能，能力的发展就要达到一定的程度和全面性，这正是以建立在交换价值基础上的生产为前提的，这种生产才在产生出个人同自己和同别人的普遍异化的同时，也产生出个人关系和个人能力的普遍性和全面性。”[5]

“生产力或一般财富从趋势和可能性来看的普遍发展成了基础，同样，交往的普遍性，从而世界市场成了基础。这种基础是个人全面发展的可能性，而个人从这个基础出发的实际发展是对这一发展的限制的不断消灭，这种限制被意识到是限制，而不是被当作某种神圣的界限。个人的全面性不是想象的或设想的全面性，而是他的现实关系和观念关系的全面性。”[6]

马克思的这两段论述，我们是这样理解的：

第一，人的全面发展，“不是自然的产物，而是历史的产物”。这就是说，人的全面发展，不是自然形成的，而是经济、政治、文化、社会、生态文明长期高度全面协调持续发展的结果，是社会生产和生产力长期高度发展的结果。只有到了生产不再是以某一社会阶级的富裕，而是以全人类的富裕为目的，“财富的尺度……决不再是劳动时间，而是可以自由支配的时间”[6] 的时候，人，才能够成为自由的、全面发展的人。没有社会生产和生产力的高度发展，没有社会条件和社会环境的不变发展和变化，在主客两个方面都不可能出现人的全面发展的要求。

第二，“个人的全面性不是想象的或设想的全面性，而是他的现实关系和观念关系的全面性。”所谓“现实关系”的全面性，就是指从事实际活动的人的交往关系的全面性、人际关系的全面性、生产和生产力发展的全面性，等等。所谓“观念关系”的全面性，就是指对“现实关系”的反映，认识，这就是说，个人的全面发展不是想象或设想出来的，而是由“他的现实关系”的全面性决定的。交往关系和人际关系的全面性，尤其是生产和生产力发展的全面性，是个人全面性产生和发展的物质基础。没有这个物质基础，没有现实关系的全面性要求实现观念关系的全面性，根本就不可能有人的全面发展。

第三，人的全面发展是未来共产主义社会的一个重要特征。从总体上看，可以肯定，共产主义社会的人，绝不像我们现在这样，只能从事某一两项工作。工人就一辈子做工，农民就一辈子种田，知识分子就一辈子从事脑力劳动。那时候的人，能文能武，既能从事体力劳动，又能从事脑力劳动，既能搞科学技术研究，又能搞文学艺术创作。总之，他可以根据自己的学识、才能、愿望、兴趣和个性自由地选择工作。对共产主义社会来说，这是绝对的。但是，这绝不是说共产主义社会的每个社会成员都是各行各业的行家里手。个人发展的全面性是相对的，是相对以往社会成员劳动的片面来说的。未来社会个人究竟怎样全面发展，则取决于“他的现实关系和观念关系的全面性”。这就意味着作为共产主义社会一个重要特征的个人发展的全面性，体现在每个社会成员身上都是不同的。

第四，人的全面发展，是说共产主义社会每一个社会成员都具有全面发展的可能性。上面摘引的马克思的两段论述，都谈到了可能性。他说：“要使这种个性（指个人发展的全面性——引者注）成为可能，能力的发展要达到一定的程度和全面性”；“这种基础（指普遍发展和世界市场成了基础——引者注）是个人全面发展的可能性”。但是，可能性并不等于就是现实。“可能性”是对事物未来的预测，其意义有二：一是说事物未来的走向；二是说这种走向能否成为现实。“现实”说的是“可能性”已经转化现实的客观实际。不论“走向”也好，或“走向”转化为现实也好，都必须具有一定的客观条件和主观条件。在社会要求个人全面发展并提供相应的条件的情况下，能不能把个人全面发展的可能性变成现实，主观努力，勤奋学习就起着决定的作用了。人的全面发展，不是不请自来，是从书本上和实践中学来的，而且要不断地学、反复地学、刻苦地学，没有这种学而不厌、锲而不舍的精神，即使生活在共产主义社会也不可能成为一个全面发展的人。

可能有人会问；到了共产主义社会，真的能够实现人的全面发展吗？我们认为，从共产主义社会的全局上、整体上看，一定能够实现人的全面发展。这是因为，资本主义社会呈现出来的交往关系的全面性、生产和生产力发展的全面性，到了共产主义社会必将得到极大的发展。这就是说，共产主义社会要求人们全面发展，并且还为人的全面发展提供相应的条件。这是其一。其二，由于科学技术的高度发展，社会必要劳动时间将会大大缩减，为个人全面发展腾出了时间。马克思说："个性得到自由发展，因此，并不是为获得剩余劳动而缩减必要劳动时间，而是直接把社会必要劳动缩减到最低限度，那时，与此相适应，由于给所有的人腾出了时间和创造了手段，个人会在艺术、科学等等方面得到发展。"[6]"资本就违背自己的意志，成了为社会可以自由支配的时间创造条件的工具，使整个社会的劳动时间缩减到不断下降的最低限度，从而为全体社会成员本身的发展腾出时间。"[6] 在我们看来，个人发展的全面性，在共产主义社会不仅具备了可能性，简直具备了必然性。当然，这是就共产主义社会的全局来说的。至于个人能不能把这种全面发展的可能性转变为现实，那就取决于他能不能科学地反映"现实关系"的全面性和能不能正确地发挥主观能动性了。现在，有些同志把共产主义社会人的全面发展概括为德、智、体、劳、美、个性和自然赋予的各种隐性素质的充分发展。我们认为，这是以今天的人的眼光和认识来概括未来社会人的全面发展，难免不带有一点想象性和设想性。概括得愈详细愈全面就愈带有空想的性质。未来社会人的全面发展究竟包括哪些内容，这个问题应当由共产主义社会的人来解决。

三、以人为本

把马克思主义应用于今天的中国实际，从指导思想来说，就是贯彻落实胡锦涛同志在党的十七大政治报告中论述科学发展观时提出的“以人为本"的原则。这是在马克思主义发展史上第一次明确提出人是发展的核心。他说：“核心是以人为本”，“努力实现以人为本”，“必须坚持以人为本，……促进人的全面发展”，并且把人的全面发展同经济建设、政治建设、文化建设、社会建设、生态文明建设有机地结合在一起，这是理论上的创新，是对马克思主义的重在发展，是马克思主义中国化的最新成果。我们在学习科学发展观过程中，对胡锦涛同志提出的“以人为本”的原则，有一点肤浅的认识，即“以人为本"普遍地适用于马克思主义的各个组成部分。马克思主义哲学的核心是“以人为本”，政治经济学的核心是“以人为本”，科学社会主义的核心也是“以人为本”。“以人为本”是对马克思主义的本质的概括。马克思主义博大精深，其原理千条万绪，集中到一点，就是人，就是人的解放和人的全面发展。下面作些具体说明。

第一，人，是马克思主义的根本、根源和基础，是马克思主义研讨一切问题的出发点和归宿点。

1845 年，马克思恩格斯在其合写的《德意志意识形态》中指出："我们的出发点是从事实际活动的人。"[2] 人，是马克思主义的出发点，又是马克思主义的归宿点。马克思主义论述的问题非常广泛，有经济问题、政治问题、科学社会主义问题、政党问题、革命问题、民族问题、统战问题、科学问题、文学艺术问题、伦理问题、宗教问题，等等。归根到底，就是关于人的解放和人的全面发展的问题，就是怎样把人从经济上受剥削、政治上受压迫、精神上受奴役的牢笼中解放出来。体现在共产党的实践活动中，就是把为人民服务作为党的一切工作的出发点和归宿点。广大人民群众之所以相信、拥护中国共产党，愿意跟党走，根本原因就在于，他们在自己的实际生活中真正认识到了党的路线、方针、政策是代表他们利益的，是为他们谋福祉的。一位藏族学生，大学毕业返回西藏参加工作后来信说："中央一直在加大对西藏的援助。我觉得除了中国共产党，其他政党很难做到这一点。"这两句话表达了藏族两百多万同胞的共同心声。

现在有人说：既然共产党员全心全意为人民服务，那就应该工资比一般人少一点，住房面积应该小一点。我们认为，是否全心全意为人民服务不是表现在工资少一点、住房面积小一点上，而是主要表现在以下两个方面：

在思想上，要有他人第一的思想。看形势，想问题，办事情，首先想到的是他人，是人民，始终把实现好、维护好、发展好广大人民的根本利益作为第一生命。这就是共产党人的价值观。当然，这并不是说，共产党人就不想自己，就不想把自己的家庭搞好。共产党员是人，不是神，不能不过人的正常生活，他要赡养父母，也要抚育子女。所以，作为国家干部的共产党员，按照政府的规定，该拿多少工资就拿多少工资，该住多大面积就住多大面积，这不是个人主义，而是国家干部应该享受的权利。但是，当个人利益和集体利益、家庭利益和国家利益发生矛盾的时候，共产党人能够无条件地、心甘情愿地放弃个人利益，维护集体利益。为了人民的利益，甚至奉献自己的生命，也无怨无悔。

在实践活动中，共产党人是在群众之中，不是在群众之外，更不能在群众之上，做官当老爷。他是人民的儿子，是“孺子牛”，是一个宣讲马克思主义、实践马克思主义、言行一致、表里一致、遵纪守法的公民，不是玩弄权术的政客。他敢于挑重担子、不怕艰苦，勇于牺牲。在去年冰冻雨雪灾害、汶川特大地震时，战斗在最前线的很多都是共产党员。

一个人，如果在实践活动中，不论在什么情况下、什么时候、什么问题上，都能按照这两点要求来考虑问题，办理事情，那就应该肯定他是全心全意为人民服务的了。

第二，人，是马克思主义及其政党从事一切活动的唯一的依靠。

呈现在我们眼前的一切事物，除了自然物以外，无一不是人做出来的。从马克思恩格斯把他们的思想和事业同工人阶级革命运动相结合的那一时刻起，他们就把自己的思想和事业牢牢地建立在相信人民、依靠人民的基础上。马克思主义和共产党的路线、方针、政策根本不能实现什么东西，只有紧紧依靠使用实践力量的人民，才能转化为变革世界的物质力量，才能把思想、理论、路线、方针、政策变成现实。人民，是马克思主义和共产党从事一切活动的唯一依靠。

俗话说："三个臭皮匠，顶个诸葛亮。"这就是说，人民有伟大的创造力。可是，要把这种创造力发挥出来，必须具备一定的条件：一要有科学的先进的思想的指导；二要有通晓社会发展规律的组织的领导。在今天的中国，要充分调动各族人民的积极性、主动性、创造性，一靠邓小平理论、"三个代表"重要思想和科学发展观的指导，二靠中国共产党的领导。只要有了这两条，中国人民就能够战胜一切困难，就能够创造出人间的奇迹。

第三，人，是生产者，又是享用者。

马克思主义从来就认为，人民是物质文明和精神文明的生产者和创造者，又是物质文明和精神文明的消费者和享用者。人民生产出来的产品，第一归人民，用以改善、提高自己的物质文化生活。人民，不仅为了自身的生存和社会发展而生产，而且是为了幸福和享受，为了增加自己的幸福和享受而生产，否则，发展生产还有什么意义呢？第二归国家，而归国家的那一部分，最终还是用之于民。马克思主义从理论上深刻地阐述了人民生产、人民占有、人民享用的一致性。这种一致性就是“以人为本”的集中体现。

第四，“以人为本”，还体现在马克思主义非常尊重人自由民主的权利。

在马克思主义看来，在消灭了阶级差别、工农差别、城乡差别、体脑差别的共产主义社会，人的自由民主的权利将会得到充分的发挥和有力的保障。现在，自由民主属于上层建筑，属于政治这个范畴。有的人有，有的人没有。有自由民主权利的人，由于受到这样那样的局限，也不可能充分发挥。到了共产主义社会情况就不一样了。自由民主就像劳动一样，成了生活第一需要。社会成员可以自由地根据自己的特长和兴趣选择自己的工作，可以自由地发表自己的意见和看法。真正做到“知无不言，言无不尽”，“言者无罪，闻者足戒”。因为只有尊重并充分发挥人在经济、文化和社会各个方面的自由民主权利，才能够调动人的积极性、主动性和创造性，才能够推动社会不断向前发展。但是，共产主义作为社会来说，又不能没有纪律，不能没有集中，不能没有组织。不然的话，就不可能组成一个社会。共产主义社会肯定是一个有高度民主又有高度集中、有充分自由又有严格纪律、有个人心情舒畅又有统一意志的社会。

这里需要指出的一点就是，马克思主义所说的自由，除了政治意义上的自由以外，还有哲学意义上的自由。从哲学上来看，自由有两个方面的意义：其一是说，对客观事物发展规律的正确认识；其二是说，根据对事物发展规律的认识来解决问题，变革事物。恩格斯说："自由不在于幻想摆脱自然规律而独立，而在于认识这些规律，从而能够有计划地使自然规律为一定的目的服务。"[7] 毛泽东也说："自由是必然的认识和世界的改造。"[8] 人，只有反复实践、反复总结正反两个方面的经验，加以比较，才能逐步加深对事物发展客观规律的认识，才能实现由必然王国到自由王国的飞跃，从被动转变为主动，从受客观规律自发力量的支配转变为驾驭客观规律为一定的目的服务。这时候的人，才能成为自然和社会的主人，成为真正的自由人。可见，自由绝不是想怎样说就怎样说，想怎样干就怎样干，而是指根据对事物发展规律的认识来进行言行活动，来变革事物。这两个方面一个也不能少，丢掉其中任何一个方面，不是导致唯心主义，就是导致机械唯物主义。

上述四条，既阐明了马克思主义的核心是以人为本，也可以看作是马克思主义的四条基本原则。如果我们从理论和实践的结合上把这四条搞通学懂了，我们就在根本上掌握了马克思主义的精神实质。

[参考文献]

[1] 马克思恩格斯选集(第 4 卷)[M].北京:人民出版社,1972:225、227。

[2] 马克思恩格斯选集(第 1 卷)[M].北京:人民出版社,1972:18、256、30。

[3] 马克思恩格斯全集(第 42 卷)[M].北京:人民出版社,1979:91、93、95、96、97、94、101、368。

[4] 马克思恩格斯全集(第 2 卷)[M].北京:人民出版社,1957:45。

[5] 马克思恩格斯全集(第 46 卷·上)[M].北京:人民出版社,1979:108。

[6] 马克思恩格斯全集(第 46 卷·下)[M].北京:人民出版社,1980:36、222、219、222。

[7] 马克思恩格斯选集(第 3 卷)[M].北京:人民出版社,1972:153。

[8] 毛泽东文集(第 8 卷)[M].北京:人民出版社,1999:198。

图书在版编目（CIP）数据

沧年往事 / 沧南著. -- 湘潭 : 湘潭大学出版社，2017.9 （2023.11 重印）
ISBN 978-7-5687-0141-9

Ⅰ. ①沧… Ⅱ. ①沧… Ⅲ. ①沧南—自传 Ⅳ. ①K825.46

中国版本图书馆 CIP 数据核字（2017）第 227467 号

沧年往事

CANGNIAN WANGSHI

沧南 著

责任编辑： 吕 花
封面设计： 李时春
出版发行： 湘潭大学出版社
社　　址： 湖南省湘潭大学工程训练大楼
电　　话： 0731-58298960 0731-58298966（传真）
邮　　编： 411105
网　　址： http://press.xtu.edu.cn/
印　　刷： 长沙印通印刷有限公司
经　　销： 湖南省新华书店
开　　本： 880 mm×1230 mm 1/32
印　　张： 7.25
字　　数： 166 千字
版　　次： 2017 年 9 月第 1 版
印　　次： 2023 年 11 月第 3 次印刷
书　　号： 978-7-5687-0141-9
定　　价： 36.00 元